Eduard Osenbrüggen

Neue kulturhistorische Bilder aus der Schweiz

Eduard Osenbrüggen

Neue kulturhistorische Bilder aus der Schweiz

ISBN/EAN: 9783743322011

Hergestellt in Europa, USA, Kanada, Australien, Japan

Cover: Foto ©ninafisch / pixelio.de

Manufactured and distributed by brebook publishing software
(www.brebook.com)

Eduard Osenbrüggen

Neue kulturhistorische Bilder aus der Schweiz

Neue

Culturhistorische Bilder

aus der Schweiz

von

Eduard Osenbrüggen,

Professor in Zürich.

Leipzig,
Druck und Verlag der Roßberg'schen Buchhandlung.
1864.

Vorwort.

Meine Art zu wandern und das „Erwanderte" darzustellen, hat Beifall gefunden, und wie ich nach angestrengter Arbeit wieder wandern mußte, weil mir das Blinken der Schneegipfel keine Ruhe ließ und meine Phantasie in die heimeligen Thäler dahinter führte, so konnte ich auch der Versuchung, meine neuen Reisebilder zu zeichnen, nicht widerstehen. Indem ich dieselben veröffentliche, habe ich keinen höhern Wunsch, als daß ihnen dieselbe freundliche Aufnahme zu Theil werde, welche ihre Vorgänger fanden. Ich habe vielen wohlwollenden Berichterstattern über das erste Bändchen zu danken, besonders aber, weil ich nicht erwarten konnte, daß mein deutsches Büchlein auch den Franzosen gefallen werde, dem Herrn Véron-Réville, conseiller à la cour impériale de Colmar, der unter dem Titel „Tableaux historiques de la vie sociale en Suisse" den größeren Theil meiner Schil-

IV

derungen überſetzt oder vielmehr, wie es der Geiſt
der franzöſiſchen Sprache verlangte, ſehr fein meta=
morphoſirt hat.

In den Ländern um den Vierwaldſtätterſee durfte
ich hoffen, noch manches für meine culturhiſtoriſchen
Zwecke und lebende Rechtsalterthümer zu finden und ich
bin darin nicht getäuſcht worden. Ich entdeckte mir
Gerſau und traf in Uri auf Einrichtungen und Zu=
ſtände, die mit dem ſocialen Leben in anderen Theilen
der Schweiz verglichen, recht primitiv erſcheinen, Ueber=
liefertes von den Urvätern, um das man die Urner be=
neiden kann, aber auch Anachronismen in der raſchen
Culturſtrömung der zweiten Hälfte des neunzehnten
Jahrhunderts. Noch iſt in den Bergcantonen der
Schweiz reichlicher Stoff für den, der ein Auge hat für
Volkseigenthümlichkeiten, aber was von Jahrhunder=
ten unberührt geblieben iſt, werden jetzt Jahrzehende
umgeſtalten und da lohnt es ſich zu beobachten, dieweil
es noch Zeit iſt. Wir kennen ja die Geſchichte von
den ſibylliniſchen Büchern.

1.

Das Wäggithal.

„Pfingsten, das liebliche Fest, war gekommen," die
Zeit, wo auch der ruhigste Bürger von Unruhe und Wander=
lust ergriffen und von der Poesie angehaucht wird, welche
der Wonnemonat über die Welt ausgeschüttet hat. Der
Züricher schaut über seinen blanken See hinauf zu den
waldumkränzten Höhen und zu dem in hehrer Majestät
prangenden Panorama der Schneeberge und die Frage ist:
Wohin? Kann es schon mit dem Rigi, der regina montium,
versucht werden oder ist ein stilles „Thal bei armen Hirten"
vorzuziehen. Bei dem Embarras de richesse, wo die
Natur so freigebig ist, könnte man auf die originelle Reise=
methode des Eremiten von Gauting verfallen, der seinen
Neufundländer über das Reiseziel entscheiden ließ. Er
schrieb die Namen einiger Länder, die er noch nicht kannte,
Aegypten, Algier, Canada, Persien, auf Papierstreifen und
warf diese im Zimmer aus, so daß der Hund den ersten
besten zu apportiren hatte. Ich traf den seltsamen Reise=
kanz einst in Rußland, als er, mit dem persischen Sonnen=
orden geschmückt, aus Persien zurückkehrte und wieder in
sein heimatliches Vaterland zog, wo ihn aber bald von

1

Neueni die unödndige Reiselust erfaßte, welche er in seine Devise geformt hatte: „Laßt mi aus! Laßt mi aus!"

Laßt mi aus! sagte auch ich, als Pfingsten heranrückte. Der Frühling, welcher rechtzeitig bei uns eingekehrt war, machte schon dem Sommer Platz, die Poesie der Blüthen= pracht war in das Stadium der Entwickelung zum Realen getreten, die jungfräuliche grüne, mit goldenen Blumen durchwirkte Decke der Wiesen wurde ein Opfer für die Er= werbzwecke der Menschen, der junge Lenz war in die Alpen= thäler gezogen, sich kühn heranwagend an das Reich des ewigen Winters. Ihm nachzuziehen entschloß ich mich, um ihn noch einmal auf schönen Auen zu begrüßen und wählte ein Thal, das von Zürich in wenigen Stunden so leicht zu erreichen und doch noch so wenig gekannt ist: das Wäggi= thal im Lande Schwyz.

Von Lachen, wohin das Dampfschiff auf den Boden des Cantons Schwyz führt, geht eine schnurgerade Straße, der Anfang der früher weit mehr frequentirten Fahrstraße durch die March nach Glarus, über Galgenen auf Siebe= nen. Ich zog es vor, unter der Leitung eines Freundes einen Seitenweg durch grüne, reichlich mit Obstbäumen be= setzte Wiesen einzuschlagen, auf dem man auch in einer Stunde bequem an das nächste Ziel gelangt. Da die Zeit gar nicht drängte, traten wir unterwegs in die kleine, mitten im Grün gelegene Kapelle des St. Jost. Mir war dieser Heilige bis dahin unbekannt, aber Freskogemälde mit Unterschriften versehen führten das Leben des heiligen Man= nes vor Augen. Die Malerei und die Dichtkunst in den gereimten Unterschriften der Lebensbilder sind ganz conform und die Orthographie ist äußerst kühn, wie einige Proben zeigen mögen:

„Verner ehr in ein wildi floch,
6 Par Hüener ehr dort ehr zog.

Ein adler im den gull*) nam
St. Jost machts Grütz und widerkam.

Gott dätt mit St. Jost groff wunder,
D' Fögel und d' Fisch spißt er besunder.‟

Warme, weiche Gewitterluft umfing uns, als wir aus der Kapelle heraustraten; das Landschaftsbild hatte da=durch die halbe Beleuchtung und den unbestimmten Farben=ton, an den bewaldeten Höhen zur Rechten in's Violet übergehend, der dem Auge wohl thun würde, wenn er nur nicht eine regnerische Zukunft in Aussicht stellte. Aber der Mensch hofft, was er wünscht, und am Vorabend des Pfingst=festes gibt es viele hoffende Menschen. Mit der Hoffnung, daß sich das Gewölk in der Nacht entladen werde, traten wir in Siebenen ein, allein die Sonne kam nicht, um den ersten Pfingsttag zu verklären, seine Farbe war grau in grau und der Himmel vergoß unablässig Thränen über die Sündhaftigkeit der Welt. Immerhin war es noch ein Trost, unter dem guten Dache des „Rößli‟ zu sein, denn wenn das Schöne fehlt, muß der Mensch sich an das Reale halten und ich vergegenwärtigte mir, wie viel schlimmer es

---

*) Hahn.

sein würde, wenn wir in einer Sennhütte mit bukolischem Schmuß eingeregnet wären.

In freundlicher Gestalt erschien der Pfingstmontag, wenn auch die Sonne noch mit den grauen Umhängen an den Bergspißen zu kämpfen hatte. Um die Wege in's Thal etwas abtrocknen zu lassen, verschoben wir den Aufbruch dahin bis auf den Nachmittag und verwendeten einen Theil des Vormittags zu einem Gange nach dem nur eine Viertelstunde von Siebenen gelegenen Pfarrdorfe S ch ü b e l b a ch, wohin die große Straße mitten durch die schönsten Wiesen führt. Obgleich die Gegend kein Weinland ist, sind manche hübsche, von Wohlhabenheit zeugende Häuser zu beiden Seiten der Straße weinberankt. Die weiße Kirche tritt malerisch hervor gegen die grünen Wiesen und den Hintergrund der bewaldeten Höhen. Zahlreich hatte sich die fromme Gemeinde eingefunden, so daß nicht allein die geräumige Kirche ganz angefüllt war, sondern vor den geöffneten Thüren viele Männer und Knaben der Messe lauschten. Kräftige Orgeltöne begleiteten einen klaren Sopran und einen vollen Alt und meine Feststimmung stand der Andacht der Gemeinde nicht nach.

Am Nachmittage wurde die Wanderung in's Thal begonnen, die noch vor Kurzem sehr mühsam gewesen sein soll, jetzt aber durch eine herrliche Kunststraße in kühnen Windungen, eine Gotthardsstraße im Kleinen, sehr bequem ist. Wo früher ein oft halsbrechender Weg an dem Abhange über dem Bergstrom und den tiefen rauhen Schluchten mit Prügeldamm (Knüppeldamm) wechselte und auf

und ab zu steigen war, da geht es sanft aufwärts und das
Auge ist von der pittoresken Scenerie zu beiden Seiten und
der tosenden Aa tief unten so gefesselt, daß man sich des
Steigens kaum bewußt wird. Wer es sich noch bequemer
machen will, der kann von einem Wägelchen ohne alle Ge=
fahr die wilde Landschaft beschauen, deren besonderer Reiz
darin besteht, daß gleichartige Bilder fortwährend sich ab=
lösen, ohne daß eine Einförmigkeit entsteht. Die Straße
schlängelt sich so dahin, daß bei den größeren Wendungen
die Vorsprünge von zwei Bergen in einander geschoben er=
scheinen, aber sogleich erfolgt die Auflösung und das Auge
hat wieder ein neues Stück der Bergstraße vor sich und
unten schäumt wieder die Aa und daneben wechseln Fels=
partien mit Laubholz und Tannengehölz. Als wahre Kunst=
straße zeigt sich der mit großen Kosten vom Bezirke March
gebaute Weg auch darin, daß an vielen gefährlichen Stellen,
sowohl nach dem Flusse zu, als am Fuße der Bergabhänge,
Steinmauern aufgeführt sind, welche Weg und Wanderer
sicherstellen. Wenn man weiter auf der Straße vordringt,
erscheint schon, wenn auch vorübergehend, zur Rechten
der große Auberig, der Beherrscher des Vorderthals, ein
breiter Koloß, dann, ebenfalls für kurze Zeit, links der
Spitzliberg, der Schynberg und das zackige Bockmatteli
und wieder kommt der große Auberig mehr in die Mitte
des Prospects. Auch der scharfkantige kleine Auberig,
rechts vom großen, zeigt sich an einer Stelle bei der stei=
nernen Brücke.

Wer noch keine Spezialstudien über die Berge gemacht

hat, die man später im Hinterthal alle vor sich zu sehen hofft, dem ist es schwer, auf diesem Wege die auftauchenden und wieder sich zurückziehenden Höhen und Felsspitzen zu individualisiren und mir liegt auch bei solchen Gelegenheiten weit mehr daran, das Bild im Ganzen zu erfassen, als die einzelnen Namen zu kennen, daher ich meinem fragenden Ich die Antwort gebe, welche einmal ein Züricher einem Fremden ertheilte, der die Namen aller Schneeberge, welche man von der oberen Brücke in Zürich sieht, wissen wollte. Nachdem der Züricher den Glärnisch, den Tödi, den Titlis, den Urirothstock genannt und gezeigt hatte, verabschiedete er sich von dem unabläſſigen Frager mit den Worten: „Bester Herr, viele von den Bergen sind so alt, daß man ihre Namen gar nicht mehr weiß."

Gern verweilt man einige Augenblicke bei dem zwar nicht großen, aber malerischen Wasserfall „Bütteri", auf den das Ohr durch das stärkere Rauschen des Wassers aufmerksam gemacht wird. Dem Auge ist er durch Gebüsch verdeckt, in das man etwas hinabsteigen muß, um ihn zu schauen. Er befindet sich kurz vor der bedeckten Brücke, die man übrigens nicht zu passiren hat.

Nachdem nun der kühne Zindelspiß in Sicht gekommen ist, öffnet sich plötzlich eine Thalfläche, das vordere Wäggitthal, eingeschlossen von hohen Bergen, unter denen der schon genannte große Auberig dominirt. An seinem Fuße soll einst ein Dorf durch einen Felſensturz seinen Untergang gefunden haben. In der Nähe der freundlichen Kirche zur Linken des Weges steht eine Anzahl von hölzernen Häusern, aber das Resultat der letzten Volkszählung, daß die Gemeinde Vorderthal 600 Einwohner habe, würde man bezweifeln müssen, wenn nicht manche bewohnte Hütten an den Bergabhängen zerstreut wären. Das Thal (2300' über dem Meere) bot nun vollkommen den gesuchten Anblick des jungen Lenzes, nicht allein in den mit frischem, saftigem Grün bedeckten Wiesen, sondern auch in den freilich nicht zahlreichen blühenden Obstbäumen. Wie er aus dieser Ebene in das hintere Thal gelangen soll, bleibt dem Wanderer vorerst ein Räthsel, bis er die in einem Bogen um den Thalkessel herum führende Straße zu der äußersten rechten Ecke des Thales verfolgt hat, wo der von oben bis unten bewaldete Guggelberg und der große Auberig mit seinen steilen Felswänden, welche in die Aa hinabsteigen, ganz nahe zu einander gerückt sind, aber in einer Schlucht, der „Klus", einen Durchpaß gewähren. Zur Linken in diesem Engpasse erblickt man am Guggelberge über einer Schutthalde eine Felshöhle, das „Schuhmacherloch" genannt, denn die Sage geht, daß darin ein Schuhmacher hämmere, was Rationalisten so erklären, daß der Schall von den Fußtritten des Herantretenden diese Töne aus dem Hintergrunde wiedergebe. Als einst ein übermüthiger Mensch in das Loch hineinrief: „Schuhmacher, gib mir auch einen guten Leisten!" da schmetterte ein Stein neben ihm nieder und verleidete ihm die Lust zu weiterem Spott mit der Geisterwelt.

Größer und imposanter ist das zweite Thal, das Hinter=Wäggithal, das auch seine Kirche hat, aber eine

geringere Zahl von zerstreuten Hütten. Dieses Thal ist
fast zwei Stunden lang und an einigen Stellen eine halbe
Stunde breit. Es ist so recht ein Hirtenthal. Die Män=
ner, denen man begegnet, tragen fast alle das Hirtenhemd
und die schwarze Zipfelmütze, und Männer wie Frauen
haben die Muße, welche das Hirtenleben, so mühsam es
auch zu Zeiten ist, gewährt und sie sehen es gern, wenn der
fremde Wanderer mit ihnen schwatzen und sich von ihnen
erzählen lassen will. „Es pressirt nicht." Sie haben nicht
mit der Spindel zu wetteifern und der hastende Geschäfts=
schritt der Handelsstädter ist ihnen so wenig nothwendig als
möglich. Gerade der Contrast zu dem städtischen Leben,
wie er nicht stärker sein kann, macht den Besuch dieses
Thales, in das man sich so schnell und so leicht vertiefen
kann, doppelt interessant. Die imposante Ruhe der Berg=
riesen umher, die idyllische Ruhe der Thalfläche versetzen
den Wanderer in eine Stimmung, die ich dem Eindruck
vergleiche, den ein schönes Volkslied auf mich macht, und
es fehlt auch dem ruhigen Thale nicht die Musik: neben der
murmelnden Aa klingen die Glocken der Heerden und mit
Jodeln antwortet der Hirt von der Höhe dem Hirten am
Waldessaum. Ganz so trifft man es freilich nur zur
Pfingstzeit, wo die Rinder der prächtigen Schwyzer=Race
noch auf der üppigen Weide des Thales und der Unterberge
schwelgen, denn bald ziehen sie auf die Alpen, in die schöne
Einsamkeit des Sommerlebens. Da muß man sie denn
dort aufsuchen und wer das Bergsteigen nicht scheut, der
gehe auf das Bockmatteli, den östlichen Felsvorsprung des

Schynbergs, von wo er über die Bergspitzen den Blick auf den Zürichsee und weithin in die ebene Schweiz kann schweifen lassen. Dort findet er am Grat einen Schäfer mit einer Heerde von hundert Schafen und mehreren Ziegen. Einem Murmelthiere gleich hat er sein Lager in einer nie= drigen Steinhöhle. Vor ihm erquickt seine Heerde der Matte „warmes Grün", hinter seiner Höhle ist ein schroffer Felsabhang und darunter erblickt man Glarner=Alpen von Sennen und Heerden belebt. Fröhlich singt er seine Weisen und freut sich des Besuchs, dem er gastfreundlich Milch und Käse anbietet.

Der kühnste Hirt war vor einigen Jahren der große Tys (Matthias Bühler). Wohin noch niemand sich mit seiner Heerde gewagt hatte, oben auf dem hohen Fluhberig occupirte er eine Alp nach Naturrecht. Er duldete keinen Hirten in seiner Nähe und besonders von den Glarnern, mit denen überhaupt die Wäggithaler nicht freundnachbar= lich stehen, war er gefürchtet und gehaßt. Sie schilderten ihn wie Homer den Polyphem:

„Allda wohnt auch ein Mann von Riesengröße, der einsam
Stets auf entlegene Weiden sie trieb und nimmer mit andern
Umging, sondern für sich auf arge Tücke bedacht war.
Gräßlich gestaltet war das Ungeheuer, wie keiner,
Welchen der Halm ernährt: er glich dem waldigen Gipfel
Hoher Kettengebirge, der einsam vor allen emporsteigt."

Der Tys war so stark, daß er in jede Hand einen Glarner nahm, sie durchschüttelte und mit den Köpfen an einander schlug. Da schickten die Glarner eines Tages drei starke

Burschen zu ihm. Als Tys von seiner Hütte aus sie herankommen sah und ihre Absicht leicht errieth, dachte er zwar, daß
er bis dahin es noch nicht mit drei kräftigen Glarnern aufgenommen, da ihn der Himmel nur mit zwei Armen begabt
hatte, aber er entschloß sich bald, nahm einen großen Käse in
die eine Hand, ein gefülltes Milchfaß, auf das er noch einen
Stock Butter gesetzt hatte, in die andere, trat vor seine
Hütte und fragte die Glarner, ob ihnen davon gefällig sei.
Als diese ein solches Kraftstück sahen und auch von dem
grotesken Humor nicht unberührt blieben, machten sie gute
Miene und ließen sich die Gastlichkeit des Feindes gefallen.
Gegen Fremde, die ihn nicht in seiner Herrschaft beeinträch-
tigen wollten, war Tys gar kein Polyphem und mancher
Bergsteiger hat bei ihm Alpenkost und ein Heulager ge-
funden.

Das Hinterthal, so reich an Wiesengrün, hat keine
Obstbäume mehr, aber an Laubholz fehlt es nicht und
schöne Ahorne, auch Buchen sieht man noch an den Bergabhängen, bis die ernsten Tannen zur Herrschaft kommen,
noch Raum lassend für grüne Matten, welche um so lieb-
licher erscheinen, wo die Felsregion beginnt, die auf den
höchsten Gipfeln im ewigen Schnee Erde und Himmel verbindet. Der unmittelbare östliche breite Thalnachbar ist
der unten bewaldete Schynberg [auch Schimberig*) ge-
sprochen], so benannt entweder von dem rothen Scheine in
der Abendbeleuchtung, oder von dem geisterhaften Scheine,

---

*) Ein Schimberig ist auch im Entlebuch.

den alte Leute in später Nacht von ihm haben ausstrahlen gesehen, denn es sitzt in dem Berge ein großer Karfunkel, dessen Leuchtkraft das Gestein durchdringt. Sein Ausläu= fer ist das Bockmatteli und zur Linken schaut hinter dem= selben der Köpfenstock hervor, der seinen Namen hat von der kopfähnlichen Fluh seines Gipfels. Kühn erhebt sich zur Rechten der Zindelspitz oder Zündlispitz, auch Züngli= spitz genannt, und dieser Name möchte wohl der ursprüng= liche sein, denn die Kuppe ist einer mit der Spitze aufwärts stehenden Rindszunge nicht unähnlich. So schwer es sein mag, ist diese Spitze erstiegen worden und die Aussicht soll von dort sehr eigenthümlich sein wegen der vielen um= herliegenden kahlen Felskuppen und Zacken. Unter sich sieht man südlich ein großes, ganz kahles durchfurchtes Felsenfeld, welches den Zünglispitz mit dem Rädetenstock verbindet. Dieser Rädetenstock, auch Mutterberg, ist der höchste der das Thal umgebenden Gebirgstöcke, über 7000 Fuß hoch. An ihm liegt sehr hoch die Mutteralp, über welche hinauf die Spitze des Berges erreicht werden kann. Am interessantesten wurde mir der Fluhberg oder Diethelm auf der Westseite, dem Rädetenstock gegenüber, denn als ich schon das Thal wieder verlassen wollte, ohne ihn ganz unverschleiert gesehen zu haben und mit dem Wanderstabe in der Hand in „süßer Melancholei" zurück= schaute auf das schöne Stück von Gottes schöner Welt, da trat er in vollem Glanze mit seinen Schneefeldern, die von der Sommerhitze noch nicht geschwächt waren, hervor, als ob er sagen wollte: „Warum eilst du denn so, du ungedul=

diges Menschenkind, wir kommen ja alle zum Vorschein.“ So ein Berg hat ein Leben von vielen tausend Jahren, ein Professor muß aber nach Tagen rechnen und weiß es, daß die Studenten ein „Hodie non legitur“ sehr übel nehmen.

Fast an jedem Felsen und an jeder größeren Alp klebt hier eine Sage. Ganz deutlich theilen sich aber die Sagen in zwei Classen: in altersgraue Sagen aus unvordenklicher Zeit und in Traditionen des langlebigen Äni. Gegen den Inhalt der ersteren ist leiser Zweifel gestattet; die zweiten haben in dem Urgroßvater, der es selbst gesehen und gehört, einen sichern Gewährsmann. Vor Allem wurzelt im Glauben der Thalbewohner die Erzählung von „Venedigern“, einer Art Schwarzkünstler, die aus Italien von Zeit zu Zeit gekommen sind, um in den Bergen Gold und Silber zu suchen und es gefunden haben. Auch in anderen Berggegenden der Schweiz, wie am Harze, meldet die Sage von ihnen. Noch in neuerer Zeit, die mir aber mein Erzähler nicht auf das Jahr zu fixiren wußte, kam ein Venediger in's Wäggithal und ließ sich von einem jungen Burschen, Namens Oberle, früh an einem Morgen auf den Fluhberg führen, von wo er den Oberle zurückschickte mit dem Geheiß, ihn am Abend wieder abzuholen. So ging es einige Tage fort, aber plötzlich war der Fremde verschwunden. Bald darauf ließ sich Oberle in das päpstliche Militär anwerben und als er einmal in einer Mußestunde durch die ewige Stadt schlenderte, hörte er aus einem großen schönen Hause rufen: Oberle! Oberle! Erstaunt blickte er hinauf und ein fein gekleideter Herr winkte ihm einzutreten, was er

denn auch that. Da fragte ihn der Herr, ob er ihn nicht
erkenne. Oberle antwortete, das Gesicht des Herrn komme
ihm zwar bekannt vor, doch wisse er nicht, wo er ihn gesehen habe. Da ging der Herr in eine Kammer und als
er in Bergmannskleidung wieder heraustrat, erkannte
Oberle seinen Mann vom Fluhberig, der ihm nun mittheilte, da er durch seine Beihilfe zu großen Schätzen gelangt sei, wolle er auch ihn glücklich machen, aber er dürfe
nicht von der Sache erzählen. Oberle erhielt eine bedeutende Geldsumme, nahm seinen Abschied aus dem Militär
und kaufte sich ein schönes Heimwesen im heimatlichen
Thal. Die Familie Oberle existirt dort noch, ist aber
durchweg wieder arm geworden, da man nicht reinen Mund
halten konnte. Daraus sähe man doch, setzte mein Erzähler hinzu, daß die Sache wahr sei.

Ein Venediger kommt auch als „fahrender Schüler"
in der Schlierenbach-Sage vor. Der überhaupt gefährliche
Bach war bei einem furchtbaren Wetter stark angeschwollen,
die Anstößer gaben sich aber keine Mühe ihn einzudämmen.
Da dachte einer der Anstößer, er wolle wenigstens seiner-
seits sorgen, und als er bei dem andauernden Wetter den
Bach hinauf kam, hörte er wunderschöne Musik, aber es
wurden ihm auch Steine nachgeworfen, so daß er fliehen
mußte. Bald darauf kam ein Venediger und erbot sich,
den Bach einzudämmen. Als man gegen seine Fähigkeit
dazu Zweifel erhob, that er den Schwur, wenn er das nicht
könne, wolle er, daß die Füchse keine Hühner mehr fräßen
und im Vorder- und Hinterthal keine Schlangen mehr

wären. Da beriethen sich die Frauen und brachten heraus, sie wollten lieber, daß die Füchse die Hühner fräßen und die Thäler Schlangen hätten, als daß der Venediger den Schlierenbach eindämme. Sei dem nun, wie es wolle, sagte mein Erzähler, so viel sei wahr, daß weder im Vor= derthal noch im Hinterthal Schlangen gefunden würden, während gerade in der nächsten Umgebung solche zahlreich zu treffen seien. Diese etwas unklare Sage hängt zusam= men mit dem Widerstreben der Wäggithaler, die Aa und deren zuströmende Waldbäche einzudämmen. Während die praktischen Schweizer den Rhein und die Rhone zu „corri= giren" verstehen, lassen sich noch jetzt die indolenten Wäggi= thaler die schönsten Wiesen des Hinterthals durch wilde Wasser verderben.

Auf der Bärlaui=Alp, über die man auf den großen Auberig gelangt, vernimmt man oft in der Nacht den Ruf: „Büs, ho hopp!" auch „dängeln" (d. i. die Sense häm= mern) und „pfyffen". Einmal in der Nacht hörte der jetzige Pächter der Alp „dängeln" und weckte den Knecht. Dieser hatte es auch schon gehört und sagte: „hättest Du mich nur nicht geweckt, man hört dies gewöhnlich, wenn das Wetter abfallen will." Auch ein altes Muetterli erscheint bisweilen auf der Alp. Der eigentliche Sturmgeist des Thales ist aber Muothiseel. Auf einem Drachen reitet er dem vom Gebirge losbrechenden Waldwassern voran, Bergschutt und entwurzelte Tannen stürzen ihm nach. Man sieht ihn zwar nicht, sagte mein Führer, doch hört man sein wildes Jauchzen. Wenn die Bauern sein Heranstürmen hören,

rufen fie Beschwörungen und Gebete in die Aa, um die
Ueberschwemmung abzuwenden.

Der Köpfenberg verdiente von einem Alterthums=
forscher besucht zu werden. Auf demselben soll sich eine
Grotte mit lateinischen oder gar griechischen Charakteren
finden und die „Summerigsrod" auf diesem Berge hat ein
Gevierte mit aufgesetzten Steinen umgeben, in welchem die
Geister sich versammeln. Kein Mensch wagt sich hinein
und obgleich der Raum das schönste Gras hat, wird es
doch von keinem Vieh betreten. Als einst zwei Geißbuben
dort in Streit geriethen, warf der eine ein Gißerli des
andern in das Gevierte und das kleine Thier starb alsbald.
Sollte dies vielleicht eine heidnische Opferstätte sein?

So wie durch die neue Straße das Thal dem Publikum erst recht geöffnet wird, ist auch schon durch ein präch=
tig gelegenes Kurhaus im Hinterthal für das beste Unter=
kommen gesorgt. Der Front des Hauses gegenüber ergießt
aus einer Baumgruppe am Schynberge ein unversiegbarer
Silberquell das reinste Wasser, welches nach der chemischen
Analyse je gefunden worden ist. Dieses in das Kurhaus
geleitete Wasser, als Trinkwasser unvergleichlich, wird dort
auch zu kalten und warmen Bädern mit bequemer Einrich=
tung verwendet und sichert dem neuen Etablissement seine
Zukunft. Kuh= und Ziegenmilch erster Sorte, Molken, eine
treffliche, von einer schwäbischen Köchin geleitete Küche und
sehr reale Weine sind im höchsten Grade anlockend. Auch
die guten Betten in den hübschen Zimmern bringe ich gar
sehr in Anschlag. In der ganzen Einrichtung ist schweize=

rische Solidität mit Geschmack vereint und der Pensions-
preis ist äußerst billig. Ein freundliches, liebenswürdiges
junges Wirthspaar ist ganz geeignet, den dortigen Aufenthalt behaglich zu machen, und auch „klein Isis", die immer
gut Wetter auf ihrem hübschen Gesichte hat, will ich um so
weniger vergessen, da sie mit entschiedenem Erfolge in ihrem
Kämmerlein um gut Wetter für mich gebetet hat.

Lohnende Excursionen, groß und klein, lassen sich von
dem Kurhause aus machen. Unter den nächsten Zielen
steht obenan die auch für Damen in einer Viertelstunde
erreichbare Quelle des Fläschlibaches, die dem Kurhause
das reinste Wasser spendet. Man wird überrascht durch den
silbersprudelnden Strom, der im Waldesschatten aus der
Felswand herausschießt. Für die heißesten Sommertage
wird diese kühle Grotte, deren Schönheit man nicht ahnt,
bevor man darin ist, den Thalgästen ein regelmäßiger
Wallfahrtsort werden und an einigen gut angelegten
Bänken wird es der umsichtige Wirth des Kurhauses dort
gewiß nicht fehlen lassen. Eine Viertelstunde weiter entspringt der Hundsbach, am Unterberge des Rädetenstocks,
etwa 200 Fuß über der Ebene. Selten kann man zu dem
Ursprunge eines Flusses oder größern Baches so nahe heran-
treten, wie hier. Ganz langsam kommt das Wasser aus
einer düstern, bewaldeten Felsengrotte hervor und liegt
dann mit spiegelglatter Oberfläche in einem tiefen Fels-
becken, aber einige Schritte davon stürzt der Strom tosend
und schäumend unter einer Felsbank hervor, um der Aa
rasch seine Wasser zuzuführen. Wirft man einen Holzkloß

in das Bassin, so sieht man ihn nach einigen Secunden im
silbernen Strudel wirbeln. Wenn in den Bergen wildes
Wetter gewesen ist, soll das Wasser in großer Fülle brül-
lend aus dem Innern des Berges hervorbrechen. In den
zwanziger Jahren dieses Jahrhunderts wagten sich tiroli-
sche Holzschröter bei ruhigem Wasserstande auf Baumstäm-
men in das Innere des Hundslochs und kehrten mit der
Nachricht zurück, es befinde sich da drinnen ein See, der
furchtbar kalt sei. Später schwamm ein verwegener Tiroler,
der beim Ausbessern der Kirche im Hinterthal beschäftigt
war, durch das Felsenthor, kam aber nach einigen Minuten
erstarrt wieder heraus und machte eine Schilderung wie
Schillers Taucher, von einem großen See, hohen Gewölben
und Felsenriffen im Innern des Berges. Die klugen
Wäggithaler benutzten einst einen sehr niedrigen Wasser-
stand, um das Hundsloch mit Brettern und Balken zu
vernageln, wobei sie dachten, der Bach würde sich wohl
nach der Seite ihrer Nachbarn, der Glarner, ergießen und
nicht weiter die Aa zu Verheerungen ihres Thales auf-
wiegeln. Aber an einem Morgen nach einem Unwetter
waren Balken und Bretter spurlos verschwunden und „Küh-
leborn" herrschte wieder mit souveräner Willkür.

Das Hundsloch hat im hohen Grade die Aufmerksamkeit der Naturforscher auf sich gezogen und das Resultat
ihrer Forschung ist mir so interessant erschienen, daß ich
dieser Forschung nachzugehen mich bemüht habe, obwohl
ich leider nicht einmal als Dilettanten in den Naturwissen-
schaften mich bezeichnen kann. Zwar sagte mir einst Leopold

von Buch, den ich in seiner sehr sommerlichen Kleidung
mit übergehängter Botanisirkapsel in einem Walde traf,
auf meine Bemerkung, daß ich nicht Naturforscher sei, jeder
gebildete Mann müsse Naturforscher sein; aber wo die
Gymnasialbildung solche Studien als profan gänzlich ferne
gehalten hat, ist es schwer, das Versäumte im spätern
Leben nachzuholen und so bin ich denn höchstens ein
Naturae curiosus, der seine naturforschenden Collegen
und Freunde mit Fragen plagt. Ueber das Hundsloch
habe ich erfahren, daß die Quelle gar nicht in der Weise
entsteht, wie man sich meistens die Quellen aus dem
Innern der Berge hervorsprudelnd denkt, sondern im un-
mittelbaren Zusammenhange ist mit dem Karrenfelde und
den Karrentrichtern der Rädetenalp. Die Karrenbildung
(Schratten im Entlebuch) gehört vorzugsweise, wenn auch
nicht ausschließlich, zum Charakter der höheren Kalkgebirge
der Schweizeralpen und ist ein Verwitterungsproceß, be-
wirkt durch Schnee-, Gletscher- und Regenwasser, welches
Furchen und Rinnen in die Kalkflächen eingräbt. Ein
Karrenfeld ist einem stark durchfurchten Gletscher nicht unähnlich, hat aber eine größere Regelmäßigkeit. Hirzel-
Escher von Zürich, der das Karrenfeld am Rädetenstock
speciell in's Auge faßte, sagt: Die Karrenfelder sind weit
ausgedehnte Strecken von nackten, ganz durchfurchten Kalk-
felsen oder enge aneinander gereihten Felsgräten, auf deren
oft messerscharfen Kanten oder Rücken man balancirend
fortschreiten muß und wobei es vieler Uebung bedarf, wenn
man sich nicht zerschellen oder der Gefahr aussetzen will,

ein Glied zu brechen. Die Zwischenräume find, so wie die
Gräte selbst, sehr ungleich, oft so schmal und enge, daß
man sich den Fuß darin einklemmen kann, oft aber so
weit, daß kleine Häuser darin Platz hätten und von einer
solchen Tiefe, daß sie eigentliche Höhlen oder Schächte
bilden, in denen man hineingeworfene Steine lange
rollen hört. — Wo diese Karrenfelder weit ausgedehnt
ganz flach liegen oder gar von höheren Felsen rings umgeben find, so daß die Gewässer sich gegen die in der
Mitte derselben liegenden Vertiefungen hin sammeln
müssen, da findet man nicht, wie man denken sollte, kleinere oder größere Ansammlungen dieser Gewässer, sondern
an deren Stelle größere und kleinere trichterförmige Oeff-
nungen, welche tief in den Berg hineinführen, das Wasser
verschlingen und geläutert an dem tieferen Abhange in
den schönsten, reichsten Quellen, zur Labung von Menschen
und Vieh und zur Befruchtung und Bewässerung der sonst
oft allzuschnell vertrocknenden steilen Abhänge, zuweilen
auch durch Mineralstoffe im Innern des Gebirgs geschwän-
gert und erwärmt als Heilquellen segnend wieder aus-
gießen. Das von den Karrentrichtern des Räbetenstocks
verschlungene Schnee- und Regenwasser, nachdem es durch
die Klüfte des Berges gegangen, sammelt sich in dem
unterirdischen See und tritt aus dem Hundsloch rein und
kalt hervor; wenn aber im spätern Sommer die Zuflüsse
von oben aufhören, wird auch der Hundsbach bisweilen
wasserlos. Der Fläschenbach dagegen, der durch die Karren
am Zindelspitz seine Nahrung erhalten soll, versiegt nie,

daher man wohl vermuthen darf, daß sein merkwürdig
reines Wasser nicht bloß aus der Höhe komme.

Wenn man sich die Entstehung der genannten Karren=
felder klar gemacht hat, sich daneben die durch herabgefal=
lenes Geröll entstandenen Schutthalden am Fuße der
Berge ansieht und die unendliche Masse der Geschiebe oder
kleineren und größeren abgerundeten Steine, welche durch
die Bergströme von den Felsen in die Ebenen gerollt
werden, so erkennt man, daß wie in der lebenden Schöpfung
ein beständiger Wechsel der Formen ist, auch Mutter Erde
selbst in den solidesten Theilen ihrer Oberfläche eine lang=
same, aber stete Metamorphose durchmacht.

Noch einmal kam ich in diesem Sommer bei schönster
Witterung ins Wäggithal. Die wilde lange Felsenschlucht,
welche gleich hinter Siebenen beginnt und die „Klus"
zwischen dem Guggelberge und dem großen Auberig fessel=
ten auf dem Heimwege meine Aufmerksamkeit ganz be=
sonders. Recht langsam eine Viertelstunde auf dem ebenen
Wege im kühlen Schatten durch die Klus zu gehen, ge=
währt großen Genuß, und sowohl die durch Felsblöcke sich
hindurchwindende Aa, als darüber die Waldregion des aus
der Ferne nur als Felskoloß erscheinenden Auberig nehmen
das Auge ganz in Anspruch. Wenn man aus der Klus
in das Hinterthal getreten ist, versäume man nicht, nach
einigen Minuten sich umzuwenden, da hat man ein kleines
Bild vor sich, das gewiß noch seinen Zeichner finden wird:

ein hübsches Bauernhaus, wie angeheftet an den Fuß des grünen Guggelberges, der, sich kreuzend mit dem Auberig, die Schlucht schließt. In dem Hause wohnt der einzige rationelle Landwirth des Thals, der sich nicht begnügt, schöne Wiesen zu haben, sondern durch zweckmäßig gezogene Gräben mehrere üppige Flachs- und Bohnenfelder sich erworben hat.

In dem Kurhause hatte sich seit meinem ersten Besuche ein reges Leben entwickelt. Kurgäste in ansehnlicher Zahl suchten im Wechsel behaglicher Ruhe und eines Appetit bringenden Vagirens durch das Thal und auf die Höhen die Lebensgeister zu erfrischen, und die allgemeinste Zufriedenheit sprach sich in dem Zusammenleben aus. Wen die Geschäfte wieder nach Hause zurück riefen, der empfing mit Wehmuth den nach schöner Sitte von den im heimeligen Thal Zurückbleibenden dargereichten Alpenrosen-Strauß und „auf Wiedersehen im nächsten Jahr" war die Parole. Die Blume, welche mir das nette Fraueli aus dem Aargau an den Hut steckte, ist schon vertrocknet, aber auch trockene Blumen reden ihre Sprache.

Mit Entzücken sprach man noch von der Mondschein-Landschaft der vorigen Woche und wie Luna die kühnen Berggipfel mit Silberglanz geschmückt habe. Die Wandelbare war fortgezogen, aber auch der dunkelblaue mit den Tausenden goldener Sterne besäete Nachthimmel verlieh den hellgrauen Felsen einen magischen Schein. Noch spät ſtanden wir mit dem lieben Schweſternpaare auf der Zinne des Hauſes.

„Alles Lebendige ſchwieg, und der nahrungſaugende Erdball Lag, ein ſchlafendes Kind, an der Bruſt des lächelnden Himmels."

Wir hofften noch auf den geiſterhaften Schein, der in ſpäter Nacht von dem Schynberge ausſtrahlen ſoll, aber wahr-ſcheinlich geſchieht das nur in der Geiſterſtunde, die wir denn doch nicht abwarten konnten.

Von den hohen Bergen umher wurden in dieſem Sommer beſonders der große Auberig und der Zindelſpitz beſtiegen. Daß es keine Unmöglichkeit iſt, den letztern zu erklimmen, ſo ſteil und kühn er auch in die blaue Luft ragt, zeigt das Kreuz auf ſeiner Höhe. Einen rüſtigen jungen Bergſteiger, der um 6 Uhr Morgens von dem Kurhauſe ausging, ſahen wir durch das Fernrohr ſchon um 8½ Uhr mit ſeinem Führer neben dem Kreuze ſtehen. Daß ſogar eine junge Frau vor einigen Tagen dort hinauf gekommen war, iſt ein neuer Beleg zu dem Erfahrungsſatze, daß Frauen vor den höchſten Schwierigkeiten nicht zurückbeben, während das kleine Geröll auf dem Boden des täglichen Lebens ſie oft in Verzweiflung bringt. Von dem Zindel-ſpitz kann man in's Glarnerland kommen, doch iſt das Herabſteigen an der einen wie an der andern Seite be-ſchwerlicher, als das Hinaufſteigen.

Wer nicht auf demſelben Wege, der in's Thal geführt hat, wieder an den Zürichſee zurückkehren will, dem ſtehen, falls er ein nur einigermaßen guter Fußgänger iſt, verſchie-

dene Ausgänge zu Gebot. Er kann um den Fluhberig
herum nach Einsiedeln gehen oder über schöne Alpen in's
Klönthal gelangen. Unter der Leitung eines sehr guten
Führers, Xaver Zeuger, schlugen wir den letztern Weg
ein und genossen einen schönen Tag. Nachdem wir über
einen Steg den jetzt fast ausgetrockneten Hundsbach passirt
hatten, ging es nicht sehr streng näher zu der großen Felswand des Fluhberig heran, den man fortan immer zur
Rechten hat. Laubholz und Tannen wechseln mit einander
ab und es entfaltet sich immer schöner die Bergflora, aber
auch wüste Schutthalden bilden einen Contrast zu der
reichen Vegetation. Auf der Alp Aabern stößt man zuerst
wieder auf Hirtenleben und Heerdengeläute, diesen lieblichen primitiven Gegensatz zur Zukunftsmusik. Der
Mutteristock, der Ochsenstock und der Schweinalpberg
nehmen sich hier imposant aus. Die zweite höhere Alp
ist die Oberalp, die dritte und die höchste die Brüschalp
(Paßhöhe 4833'). Die Abwechselung der Scenerie ist
beim Auf- und Absteigen außerordentlich groß. Wir sind
noch näher zu der kolossalen Felswand des Fluhberig
herangekommen, der hier nicht schwer zu ersteigen sein mag.
Der Baumwuchs hat aufgehört, aber an der Brüschalp
finden wir ganze Hügel und Halden mit Alpenrosen bedeckt,
sattblaue Enzianen und andere Alpenblumen in Menge
und daneben konnten wir in den Schnee greifen und uns
das winterliche Vergnügen des Schneeballens machen.
Hier war ein Platz zum Ausruhen. Eine Flasche Forster-
Riesling, mit welcher uns der Führer auf Geheiß des

lieben Wirths aus dem Kurhause überraschte, wurde in
eine Quelle gelegt, die schon ihr Wasser nach der andern
Seite hin ergoß, und der kühle Trunk des herrlichen Weins
gab uns die volle Lebenskraft wieder. Noch nie habe ich
es in dem Grade empfunden, daß ein guter Tropfen eine
herrliche Gottesgabe sei — „ist auch nicht die Nagelprobe
d'rin geblieben".

Schon vorher, als wir an die Brüschalp aufstiegen,
wurde mir ein criminalrechtliches Thema zu einer praktischen
Frage, nämlich die Grenzbestimmung des erlaubten Mund-
raubes und der strafbaren Entwendung. Eine kleine Heerde
schöner Ziegen ohne Hirten kam zu uns heran und deutlich
lasen wir in ihren treuen Augen die Bitte um Salz, das
wir ihnen aber leider nicht zu geben vermochten. Da fragte
uns der Führer, ob wir Ziegenmilch wünschten. An Appetit fehlte es uns nicht und bei der Abstimmung ergab sich
auch sogleich eine Majorität, aber mir blieb doch ein
Skrupel, indem zwar die Besitzerin der Milch, die große
braune Ziege, in das Nehmen gern einzuwilligen schien,
wir aber den Willen des Eigenthümers der Ziege nicht
kannten. Der Führer gab nun sein Obergutachten dahin,
daß hier auf den Alpen lediglich das Naturrecht gelte,
lockte die Ziege, die sich auch ohne Weiteres melken ließ
und nachdem sie uns zwei Gläser voll schmackhafter Milch
gespendet hatte, mit dem schönen Bewußtsein, von ihrem
Reichthum Bedürftigen gegeben zu haben, wieder bergan
kletterte.

Von der Brüschalp konnten wir rechts über die

Schweinsalp dem Klönthal zuwandern oder direct nach
Richisau hinabsteigen. Wir zogen, obgleich es sehr steil
bergab geht, den letztern, etwas nähern Weg vor, nicht so
sehr um Zeit zu gewinnen, als weil das Landschaftsbild,
welches sich vor uns ausbreitete, großartig erschien. Durch
riesige Tannen, deren Mähnen den Boden berühren, erblickt man die Schneefelder des Glärnisch, welche selt-
sam contrastiren zu den schwarzen Tannenwäldern tief
unten in der langen Schlucht. Einzelne alte Bäume, vom
Blitz zerschmettert oder vom Orkan gebrochen, müssen im
Mondschein geisterhaft sich ausnehmen; auch im Sonnenschein ist dieses Stück der Berglandschaft sehr ernst. Aber
rasch geht es bergab und das Laubholz beginnt wieder,
welches bei Richisau, wo man in einer Sennerei und be-
scheiden aussehenden Molkenkuranstalt einkehren kann, in
den schönsten Ahorngruppen sich entfaltet. Schon sieht
man häufig durch die Lichtungen das lieblich-grüne Wiesen-
thal Vorauen, welches den Schluß des Klönthals bildet,
und auch den Anfang des Klönsees, von dem man doch
noch recht weit entfernt ist. Da wir von den Reizen der
Wanderung uns nichts wollten entgehen lassen, gebrauchten
wir statt der regelmäßigen 4 — 4½ Stunden, um vom
Hinter-Wäggithal nach Vorauen zu gelangen, 6 Stunden,
und nach einer Rast stand uns der mir schon bekannte Hoch-
genuß bevor, in dem Spiegel des Klönsees den Glärnisch
abwärts gekehrt mit allen seinen Farben-Nüancen zu schauen.
Ein solches Spiegelbild, welches übrigens im Herbste durch
das Laubcolorit noch weit schöner ist, sieht man nicht häufig.

II.

Schwyz.

Schwyz hat die Ehre, in seinem Namen sich als Kern der ganzen Schweiz zu legitimiren. Schon im vierzehnten Jahrhundert, als Oesterreich zuerst bei Morgarten, dann bei Sempach seine Erfahrungen machte, beginnen die österreichischen Geschichtsquellen die feindlichen Eidgenossen Schweizer zu nennen, die einheimischen Geschichtsurkunden thun dies erst seit der Mitte des funfzehnten Jahrhunderts, als das Bewußtsein der Einheit erstarkt war. Es lag in dieser Namensehre eine Forderung an die Schwyzer, die Tapfersten unter den Tapferen zu sein und dieser Aufgabe haben sie sich stets würdig gezeigt. Wenn man liest, wie fremde Autoren ihr imponirendes Auftreten und Antreten zur Schlacht schildern, so glaubt man in ihnen die alten Germanen in ihrem Kampfe gegen die Römer wieder zu erkennen. Ihre Feldmusik waren große mit Silber be= schlagene und mit dem Landeswappen gezierte Ochsenhörner, welche furchtbar durch Berg und Thal brüllten, wenn es zum Aufbruch oder zum Angriff gehen sollte. Vor dem An= griffe knieten sie nieder, um den Beistand des Allerhöchsten zu erflehen; mit lautem Geschrei standen sie dann auf und stürzten sich auf den Feind. Karl der Kühne mißdeutete dieses Niederknieen der Schweizer vor der Schlacht von Granson als Gnadebitten, wurde aber bald eines Andern belehrt. Auch nach dem Siege knieeten sie auf der Wahlstatt, um Gott zu danken und nicht ungewöhnlich blieben sie dort drei Tage, um zu erwarten, ob der geschlagene Feind die Niederlage rächen wolle.

Neben der Tapferkeit wird die große Körperkraft der alten Schwyzer gerühmt und an diese zu glauben hat man allen Grund, wenn man in der Gegenwart den stämmigen Menschenschlag ansieht. Zwar klingt es fabelhaft, wenn von einem Manne aus dem Dorfe Steinen erzählt wird, er habe eine zehn Centner schwere Glocke mehrere Stunden weit getragen, ein anderer von Iberg große Tannenbäume, aber es bedarf nur eines Besuchs des Aelplerfestes im September, um zu sehen, daß starke Menschen dort keine vereinzelte Erscheinung sind.

Man würde sehr irren, wenn man sich die Sommerzeit der Aelpler als ein idyllisches Hirtenleben in klarer Bergluft auf grünen Matten dächte. Zwar ist ihr Leben zu Zeiten gemächlich, aber zum poetischen Träumen sind diese Menschen gar nicht angethan und Mühsal, Gefahren und Entbehrungen sind ihnen als eine stete Zugabe in reichlichem Maße zugetheilt. Wenn sie nun nach monatlicher Abgeschiedenheit wieder ins Thal kommen, so steht ihnen und den Thieren das Aelplerfest als Ehrentag bevor. Der Vormittag gehört zunächst den Thieren. Auf der Hofmatt ist die Thierschau; die stattlichen „Munis" und die würdevoll einherschreitenden Stiere ernten lauten Beifall und um Mittag ist die Preisvertheilung, nach welcher die gekrönten und bekränzten Thiere unter Musik, Jauchzen und Heerdengeläute im Triumph in den Flecken einziehen. Ein

anderes Bild zeigt der Nachmittag, wo der Zug der Menschen sich nach dem Brüel, dem bewimpelten Festplatze, in
Bewegung setzt; voran Trommler und Pfeifer, dann schal-
lende Blechmusik. Darauf erhebt sich das Banner der
Sennenbruderschaft und einen reizenden Anblick gewähren
ein Dutzend Sennbuben, welche die vorzüglichsten Alp-
geräthschaften als Symbole und die lockenden Preise für
die nun bevorstehenden Kämpfe tragen. Es folgen die
Sennen mit ihrem Meisterfenn in der Aelplerkleidung, die
Festcomités und die Preisrichter. Auf dem Festplatze ragt
die hohe Kletterstange empor und alle Bäume sind mit
„lebendigen Früchten" besetzt. Den Anfang der Spiele,
nachdem durch einen Pistolenschuß das ersehnte Signal gegeben ist, macht das Wettlaufen und auch im Springen
wird geeifert, aber die echt nationalen Spiele sind das
Steinstoßen und das Schwinget. Einen enormen Stein,
oft bis zu einem Centner schwer, muß der Mann zuerst sich
selbst auf die Schulter bringen und dann fortstoßen oder
werfen; wer den größten Stein am weitesten werfen kann,
ist Sieger. Wenn auch nicht in dieser grotesken Form bil-
dete das Steinwerfen in den Kriegen der alten Schweizer
eine Hauptart ihrer Artillerie. Es wird oft erwähnt,
z. B. in der Heldenschlacht von Näfels, daß sie von einer
Höhe große Steinmassen auf die österreichische Reiterei
schleuderten und dadurch Unordnung und Verderben in die
feindlichen Reihen brachten, „daß Roß und Reiter schnoben
und Kies und Funken stoben". Ebenso in der Schlacht der
Appenzeller und der zehnfachen Macht der Oesterreicher am

Stoß im Jahre 1405. — Das intereffanteste der Kampfspiele ist das Schwingen oder der Hosenlupf, ein Zweikampf
nach Reglement und Comment. Zu demselben melden sich
nur geübte Athleten oder solche, die auf dem Wege sind es
zu werden und stets finden sich diejenigen als Gegner zusammen, die einander an Kraft und Gewandtheit gewachsen sind.
Regelmäßig geben sich die zum Kampfe Antretenden die rechte
Hand, znm Zeichen, daß es ein ehrlicher Kampf, fair play,
sein solle. Dann stürzen sie keineswegs auf einander los,
sondern langsam und in gebückter Stellung nahen sich die
Gegner, um einen Angriffspunkt zu erspähen und die
eignen Schultern und den eignen Hosengurt zu decken,
denn nur diese sind die eigentlichen Angriffsobjecte. Greift
einer zu, so beginnt das Ringen mit aller Kraftanstrengung
und Gewandtheit und oft tritt eine längere scheinbare Ruhe
ein, wenn die beiderseitigen auf's Höchste angespannten
Kräfte sich vollkommen das Gleichgewicht halten. Gelingt
es, den Gegner zu lupfen, d. h. vom Erdboden aufzuheben,
so kann das zwar der Anfang des Sieges sein, aber voll-
ständig ist der Sieg erst, wenn der Gegner geworfen und
zwar auf den Rücken gelegt ist. Oft entscheidet ein „Pracht-
schwung" in einer Secunde. So in einem Falle, dem ich
vor einigen Jahren zusah. Es meldete sich plötzlich e corona
ein starker Fabrikarbeiter zum Wettkampf; die Schwinger
von Fach sahen ihn mitleidig an und gaben ihm den
Jüngsten aus ihrer Mitte zum Gegner. Dieser, ein bild-
schöner Mensch, setzte sich ganz ruhig in Positur und als
der Gegner ihn ergreifen wollte, faßte er ihn so sicher am

Hosengurt, daß er ihn nicht nur sogleich vom Boden hob, sondern ihn sich über den Kopf auf den Boden schleuderte. Während der arme Mensch mit zerrissener Kleidung unter dem Gelächter des Publikums am Boden lag, legte sich der Sieger mit der anscheinend größten Gemüthsruhe wieder zu seinen im Grase auf ihren Ellenbogen ruhenden Genossen. Ueberhaupt ist der Contrast des in eine immer größere Aufregung gerathenden Publikums, das in einem Kreise den Kampfplatz umsteht, und der klassischen Ruhe der Schwinger groß.

Da das Schwingen lange geübt sein muß, bis einer mit Ehren öffentlich auftreten kann, so ringen die Knaben früh mit einander nach der Regel der Alten und bei den Volksfesten pflegen auch die herangewachsenen Knaben in einer besondern Abtheilung um Preise zu kämpfen.

Die Heiterkeit des Festes erreicht ihren Höhepunkt, wenn das „Sackgumpen"*) beginnt. Das sonderbare Hoppen und Hüpfen der nach unten vermummten Wettkämpfer, die eine zu rasche Bewegung leicht zu Boden bringt, versetzt begreiflicher Weise die Jugend in eine Ekstase, von der auch die Alten angesteckt werden, und wenn ein recht herzhaftes Lachen ein treffliches Gesundheitsmittel ist, so sollten die Aerzte das Sackgumpen in ihre materia medica aufnehmen. Beim Anblick der possirlichen Gestalten der Sackgumper entstehen überhaupt possirliche Reflexionen. Während meine Gedanken sich in die Hygieine und Medicin

---

*) Gumpen (Engl. jump), springen, hüpfen.

verliefen, sah einer meiner Nachbarn in der Kleidung der
Sackgumper „Anti-Crinolismus" und tadelte es, daß die
Menschen immer in die Extreme verfielen; ein anderer
deutscher Nachbar verglich das Sackgumpen mit den deutschen Einheitsbestrebungen, wobei ich ihn tröstend darauf
verweisen konnte, daß es denn doch auch beim Sackgumpen
möglich sei, das Ziel zu erreichen.

Zum Aelplerfest gehören auch musikalische Wettkämpfe;
denn wie die Klänge des Alphorns und mehr noch das
Jodeln zum Leben der Hirten nothwendig sind und durch
keine Zukunftsmusik sich werden verdrängen lassen, so dürfen
Productionen der Art am Aelplertage nicht fehlen. Zum
„Bücheln"*) d. i. Alphornblasen melden sich meistens nur
wenige Concurrenten, dagegen sind gute Jodler in den
Gebirgscantonen sehr häufig und auch an Jodlerinnen fehlt
es nicht, obgleich die forcirten Jodel-Cadenzen sich wenig
für die weibliche Stimme eignen.

Wenn mit der Preisvertheilung, an welche sich ein
tausendstimmiges Hoch auf das Land und die Eidgenossenschaft schließt, das eigentliche Fest beendigt ist, bewegt sich
der laute Festzug wieder zum Flecken zurück, wo dann in
den verschiedenen Wirthschaften die Gruppen den Festjubel
nicht selten bis zum Aeußersten potenziren. Natürlich fehlt
dabei der Sennentanz nicht, den statt der Salonmäßigkeit
die unbändige Lust an dem Dinge an und für sich charakte-
risirt und mancher herzhafte Jodler mischt sich in die Tanz-
musik.

*) Verwandt mit dem englischen bugle und buglehorn.

Eine Zierde früherer Zeiten vermißt man ungern bei dem Aelplerfeste in Schwyz: die malerische Nationaltracht der Frauen und Mädchen ist fast ganz verschwunden, während bei einem solchen Feste in Unterwalden das Costüm die ganze Frauenwelt in die beiden Klassen der in dem Hafen ehelichen Glücks Gelandeten und der Hoffenden sichtbarlich sondert. Zum Kopfputz der Jungfrauen gehört regelmäßig ein quer durch das Geflecht gesteckter Pfeil, der weit größer ist, als man sich den Amorpfeil zu denken pflegt und dadurch ganz offen die Gefahr anzeigt. Auch „Töchter von bestandenem Alter" tragen noch diesen Pfeil; in der herrlichen Festhalle des eidgenössischen Schützenfestes bei Stans hatte eine wohl sechzigjährige tugendsame Jungfrau den großen Messingpfeil in ihrem silbergrauen Haar.

So wie die Seltenheit der Nationaltracht in Schwyz auffällt, befremdet es auch, daß in diesem Kernlande der Schweiz keine Maienlandsgemeinde gehalten wird, wie in Uri, Unterwalden, Appenzell und Glarus. Die letzte allgemeine Landsgemeinde war im September 1847. In dieser stark besuchten gewitterschwülen Versammlung am Rothenthurm wurde der Sonderbund mit dem Bunde am Rütli verglichen und deducirt, daß diese beiden Bünde unter gleichen Verhältnissen entstanden und ihrem Wesen nach ganz das Gleiche seien! Das Gewitter entlud sich im November desselben Jahres in dem kurzen Sonderbundskriege unseligen Andenkens.

Mit der Landsgemeinde hat die unmittelbare Demo-
kratie ihre Erscheinungsform verloren, doch wird der Name
Landsgemeinde noch verwendet für die Bezirksgemeinden,
und auch in den Formen dieser Versammlungen ist ein
Nachklang der Landsgemeinden. Sie finden verfassungs-
mäßig statt am ersten Sonntage im Mai, womöglich im
Freien, z. B. bei der Kirche in Wollerau. Sie beginnen
mit einem Gebet und die Eröffnungsrede des Bezirks-
ammanns enthält nicht selten starken Pathos. So begann
1862 ein Bezirksammann seine Anrede mit dem Danke für
das ihm geschenkte Zutrauen und der Hinweisung, welch'
ein heiliges Recht heute in den Händen jedes Bürgers liege,
gleich einem Kaiser und König sich frei, offen und unge-
zwungen die Behörden zu wählen; wie glücklich sie seien
gegenüber den vielen Millionen, die nach Freiheit ringen,
im Blute schwimmend ihr Leben opfern u. s. w. u. s. w.
Wie sehr man auch das Freiheitsgefühl der Schweizer und
die Zufriedenheit mit ihrem Staatswesen und in den meisten
Cantonen wohlgeordneten Staatshaushalt als berechtigt
anerkennen muß, ist doch der Festrhetorik und des patheti-
schen Schwunges in den politischen Reden, zumal bei den
Volksfesten, wo diese Reden sich wie Ströme ergießen, oft
zu viel und die beliebte Bildersprache nicht immer gelungen. Bei einem großen Feste im Jahre 1851 erklärte
ein Redner die Symbolik der eidgenössischen Farben: „Roth
ist das Blut und bereitwillig müssen wir unser Blut dem
Vaterlande opfern; weiß ist die Farbe der Unschuld und
(— eine kleine Stockung —) die müssen wir auch opfern!"

Etwas kürzer könnten solche Reden auch sein, als sie es
durchgängig sind und die Zürcher sagen sehr treffend von
einem Redner, geistlich oder weltlich, der nicht fertig werden
kann: „Er kann nicht landen!"

In der jährlichen Bezirksgemeinde-Versammlung
werden Landesgeschäfte berathen, die geprüften Rechnungen
genehmigt, besonders aber die nöthig gewordenen Wahlen
der Beamten vorgenommen. Die obersten Beamten sind
der Bezirksammann und der ihm zur Seite stehende Be-
zirksstatthalter. Der neu gewählte Ammann nimmt das
Schwert in die Hand und die Bürger leisten ihm den üblichen Eid. Andere Beamte, die hier gewählt werden,
sind der Seckelmeister, die Mitglieder des Bezirksraths und
des Bezirksgerichts, die Landschreiber ⁊c.

Mit den Landsgemeinden in Schwyz ist ein großes
Stück der Geschichte dieses Landes ad acta gelegt, aber es
lohnt sich, auf dieselben zurückzublicken, da sie nicht bloß
ein staatsrechtliches, sondern auch ein culturgeschichtliches
Interesse haben. Blumer hat in seiner musterhaften
„Staats- und Rechtsgeschichte der schweizerischen Demo-
kratien" mit der Wahrheitsliebe eines unbefangenen Histo-
rikers die Schattenseiten in dem Leben der Landsgemeinden
herausgestellt und gezeigt, daß nicht bloß Könige und
Fürsten, sondern auch freie Völker in ihrer Souverainetät
Tyrannen sein können. Ich will nicht wiederholen, was
ruhiger und besser als von Blumer nicht gesagt werden
könnte, sondern nur eine Episode aus der politischen Geschichte des Landes Schwyz erzählen, welche zeigt, daß das

Glück in dem Leben eines Staatsmanns in kleinen Re=
publiken wie in großen Staaten eine Figur mit thönernen
Füßen ist.

Zur Zeit der Streitigkeiten des Abts von St. Gallen
mit den Toggenburgern im Anfange des achtzehnten Jahr=
hunderts, die zwar zunächst um Hoheitsrechte des Abts sich
drehten, aber bald einen confessionellen Charakter annah=
men und bei denen Schwyz nicht unbetheiligt blieb, mußte
Joseph Anton Stabler, als er nur noch ein schlichter
Privatmann und Wirth war, durch Klugheit und Energie
sich eine Stellung bei dem Volke zu verschaffen, daß die
Beamten vor ihm zittern mußten. Durch ein „Versehen"
des Landschreibers stimmte ein wichtiges Schreiben der
Regierung von Schwyz für den Abt von St. Gallen nicht
mit dem Protokolle überein. Stabler nannte die Sache
beim rechten Namen Fälschung, die unter Connivenz des
Landammanns stattgefunden habe. Die Schuldigen wurden
empfindlich am Vermögen gestraft und sollten auch, nach
dem Beschlusse der Landsgemeinde, in den Ring stehen und
um Verzeihung bitten, doch wurde ihnen diese Ehrenstrafe
aus Gnade erlassen. Stabler, 1704 von der Lands=
gemeinde zum Landvogt des Rheinthals gewählt, war bald
der allgemeine Liebling des Volks. Als darauf 1708 die
Fürsprecher Carl und Ignaz Pfeil gegen die Landsgemeinde
und gegen den Volkstribun Stabler ehrverletzende Reden
ausgestoßen hatten, wurden sie vor die Landsgemeinde ge=
stellt und verurtheilt, in den Ring zu knieen, öffentlich zu
widerrufen und um Verzeihung zu bitten, dann nach Ein-

ſiedeln zu wallfahrten und dort zu beichten. Aber Stadler
ſtand jetzt „auf ſeines Daches Zinnen" und noch in demſelben Jahre erfolgte ſein jäher Sturz. Schwyz hatte ſich
mehr dem Abte zugeneigt und Stadlers Gegner hatten
wieder eine Poſition gewonnen. Der katholiſche Clerus
in Schwyz murrte, daß Stadler es mehr mit den Reformirten als mit ſeinen eigenen Glaubensgenoſſen halte; es
wurde auch herumgeboten, daß Stadler auf die Frage des
Landammanns, was zu thun ſei, wenn im Toggenburg die
Katholiken ganz von den Reformirten aus den Kirchen vertrieben würden, gleichgiltig geantwortet habe: Wir wollen
ſie machen laſſen.

Im Auguſt 1708 wurde Stadler zu Lachen verhaftet
und in den Thurm nach Schwyz gebracht. Die zum Aeußer-
ſten bereite Obrigkeit wußte wohl, daß Stadler die Volks-
gunſt noch beſitze, daher beſchloß ſie nicht nur raſch zu
handeln, ſondern der Landeshauptmann erhielt auch den
Auftrag 160 vertraute Männer aufzubieten und gut be-
waffnet in der Nähe zu halten, damit ſie beim erſten
Zeichen der Sturmglocke der Obrigkeit zum Schuße dienen
könnten. Vor dem Kerker und dem Rathhauſe wurden
Wachen „mit ſcharfer Ordre" aufgeſtellt. Am 17. Auguſt
wurde in der Rathſitzung erkannt, daß Stadler gütlich und peinlich examinirt werden ſolle, auch ein Pro-
clam erlaſſen, daß jeder als ein Rebell angeſehen werde,
der Stadler und ſein Thun „beſchönige". Auf den 17.
des folgenden Monats ſetzte man das Blutgericht an, wobei zugleich die hohe Regierung des Cantons die löblichen

Orte Luzern, Uri, Unterwalden und Zug um Hülfe er-
suchte, falls eine Volksbewegung zu Gunsten Stadlers
sich erhebe, und jeder dieser Orte hielt an den Grenzen
von Schwyz einen Auszug von 200 Mann bereit, um
im Falle der Noth einzurücken. Zu den Klagpunkten gehörte merkwürdiger Weise, daß Stadler den Landleuten
die „neue Lehre" habe beibringen wollen, es könne die
Landsgemeinde über Leib, Ehre und Gut richten, da er
doch selbst habe bekennen müssen, daß „wer solche Lehr
wolle behaupten, ein Ursach wäre, daß das Vatterland
müßte zu Grund gehn, weilen unmöglich seye, vor einer
Lands-Gemeind eine dem Rechten nach erforderliche Ordnung zu halten, und der gemeine Mann die Eigenschaften
eines Richters nit habe, über Leib, Ehre und Gut zu
richten". Was hier neue Lehre genannt wird, war un-
bestritten altes Recht der Landsgemeinden in den urde-
mokratischen Ländern, wie sehr auch der Zweifel an der
Zweckmäßigkeit der Handhabung des Blutbanns durch
die Volksmasse, zumal in politisch aufgeregten Zeiten, berechtigt sein mochte.

Vor dem Blutgerichte vertheidigte sich Stadler in
einer fast dreistündigen ausgezeichneten Rede, aber natürlich vergebens; er wurde zum Tode durchs Schwert verurtheilt. Entgegen der sonstigen Gewohnheit führte man
ihn Abends nach 6 Uhr, als es schon dunkelte, auf die
Weidhub, den Richtplatz. Die Standhaftigkeit verließ ihn
nicht und er sagte zum Nachrichter: „Sei beherzt und
halte dich wohl, du richtest heute einen Biedermann".

Durchblättern wir weiter das Buch der Strafrechtspflege von Schwyz, so finden wir darin manches blut-
rothe Blatt. Ein moderner Brutus, ein Mann antiker
Tugend, der Landammann Amberg, sprach im Jahre
1540 selbst das Todesurtheil über seinen ungerathenen
Sohn. Am Tage der Hinrichtung verabschiedete er sich
unter Thränen von seinem Kinde und zog sich auf eine
einsame Burg zurück, wo er ein wahres Bußleben führte.
Noch vor seinem Tode stiftete er zur Sühne seiner eigenen
und der Seele seines hingerichteten Sohnes ewige Jahr-
zeiten in den Pfarrkirchen zu Schwyz und Iberg. So
berichtet Faßbind in seiner Geschichte des Cantons Schwyz
und an der Wahrheit der Erzählung ist nicht zu zweifeln,
obwohl sonst das altschweizerische Recht die Familienliebe
nie zu Gunsten des starren Rechts wollte verläugnen lassen,
indem nicht nur der Vater nicht über den Sohn zu urtheilen hatte, sondern die Blutsverwandten auch befreit
waren von der sonst allgemeinen Pflicht der Nacheile
und der Fahndung eines Missethäters, wie von der De-
nunciation und vom gerichtlichen Zeugnisse, und wo jemand seinen Vater und Bruder bluten sah in einem
Streite, da durfte er Partei nehmen, während es sonst
allgemeine Bürgerpflicht war, sich nicht in einen Streit
und eine Schlägerei einzumischen, sondern Frieden zu ge-
bieten und zu scheiden.

Hexenprozesse mit dem bekannten Finale werden aus
dem 17. Jahrhundert mehrere angeführt. 1640 verurtheilte das Malefizgericht eine Zürcherin, Genofeva Brenn-

wald dahin: „der Scharfrichter soll sie ausführen über eine freie Reichsstraße an die gewohnte Richtstatt, daselbst ihr Haupt abschlagen und zwei Stücke aus ihr machen, daß ein Karrenrad zwischen durch möge und dann den Körper auf einen Scheiterhaufen legen, den anzünden, selbigen mit Haut und Haar, Fleisch, Mark und Bein zu Pulver und Aschen verbrennen und dann die Asche so tief in die Erde vergraben, daß keiner Creatur dadurch Schaden wiederfahren möge und dann die Seele Gott und die Asche der Erden befehlen". Am 26. Mai 1642 wurde eine Frau verbrannt, eine andere enthauptet, „weil sie viel Leut und Vieh verderbt"; sodann 1650 eine Frau und ein 15jähriger Knabe aus Einsiedeln als „Unholden" durchs Schwert gerichtet. Ein Jahrhundert später, 1752, wich man von der hergebrachten Praxis so sehr ab, daß man eine „erzboshafte, mit dem Teufel verpaktete Frau, die dem Kloster im Muotathal und den Thalleuten großen Schaden an Vieh u. s. w. zugefügt hatte", im Gefängnisse zu Schwyz nur erdrosselte.

Eine großartige Ketzerverfolgung der Sekte der Nicomediten, die sich in Arth gebildet hatte, fand im Jahre 1655 statt. Es wurde viel gefoltert und vier Sektirer wurden enthauptet, zwei Schwestern in das Inquisitionshaus nach Mailand gebracht, andere in anderer Weise gestraft. Viele Sektirer flüchteten und fanden besonders in Zürich Aufnahme. Um die Verstocktheit der Nikomediten zu charakterisiren, erzählt Faßbind, daß einer derselben, Malk von Ospenthal, Vater von 9 Kindern, seine irrgläubigen Genossen, als sie sich auf die Flucht begaben, ans Schiff begleitete, aber nicht mit ihnen fliehen wollte, wie innig es ihm auch seine Freunde riethen. „In der Ge= fangenschaft verhielt er sich mit unbeugsamem Troße. Ob= wohl die härteste Folter fünfzehnmal gegen ihn ausgeübt wurde, so brachte man doch kein Wort von ihm heraus. Als der Nachrichter den Todesstreich auf ihn zuckte, rief er vernehmlich: Das walt Gott!" Faßbind schließt seinen ausführlichen Bericht mit der tröstlichen Notiz: „Dem Staatsschaße des h. Standes Schwyz kamen durch das Confisciren der Güter und des Vermögens der verurtheil= ten und geflüchteten Arther über 80,000 Gulden zu".

Bekanntlich sind die Schwyzer stets die Vorkämpfer für den alten Glauben gewesen und es wird berichtet, daß ein Klosterbruder Niklaus Zwyer sich zum Gottesurtheil gegen Zwingli und seine Jünger erbot, indem er für die Wahr= heit der katholischen Lehre durch die Flamme doppelter Scheiterhaufen gehen wollte.

Die Strafrechtspflege wurde hier vom spätern Mittel= alter bis zur neuesten Zeit zwar nach Maßgabe der Caro= lina gehandhabt, aber manche Strafbestimmungen fanden sich auch in den Landesgesetzen. In dem organischen Ge= setze über rechtliches Verfahren in Criminalfällen vom 14. März 1835 wurde der Gebrauch der peinlichen Gerichts= ordnung Kaiser Karl V. nochmals bestätigt, aber mit einem merkwürdigen kosmopolitischen Zusaße: „dem Richter, so wie dem Staatsanwalt und Vertheidiger bleibt unbenommen, sich auf die in verschiedenen Staaten eingeführten Strafge=

seße und insbesondere den allgemeinen Gerichtsgebrauch zu beziehen und Rücksicht zu nehmen". Dasselbe Geseß leistet auch der „uneigentlichen Folter" Vorschub, indem es bestimmt: „Angeschuldigte, welche sich durch boshafte Verstellung der schuldigen Beantwortung der an sie gerichteten Fragen zu entziehen suchen, mögen gezüchtigt werden. Diese Züchtigungen sollen von kurzer Dauer sein, drei Tage nicht übersteigen, dürfen auch in nichts Anderm bestehen als in Entziehung warmer Speise, in hartem Lager, Verminderung des Unterhalts, Kettenschließen oder Streichen, welche aber in Einem Verhöre die Zahl von sechs nicht übersteigen sollen". Die neue Strafprozeßordnung von 1848 hat diese Zwangsmaßregel bedeutend reducirt. — Ein neues Experiment im Strafrechts-Gebiete bestand darin, daß das Strafgeseß des Cantons Luzern den Behörden zur Beachtunge empfohlen wurde, was mancher Richter geradezu als eine Reception auffaßte, so daß mit Recht geklagt werden konnte, das fremde Recht werde auch da zur Anwendung gebracht, wo notorisches Gewohnheitsrecht vorhanden sei. Endlich ließ man durch einen ausgezeichneten Juristen in Basel im Jahre 1856 ein neues Strafgeseß entwerfen. Dieser Entwurf, der außer dem Vorzuge der Kürze das Lob verdient, mit historischem Gewissen und nicht nach der üblichen Schablone gemacht zu sein, wurde vom Cantonsrath berathen und den Kreisgemeinden zur Abstimmung vorgelegt, fand aber keine Billigung bei dem Volke. In demokratischen Ländern ist das Volk immer mißtrauisch gegen neue Geseße, auch wenn das

alte Recht baufällig geworden ist und obgleich dieser Entwurf gar nicht durch Strenge abschreckend war, mochte doch
die immer wiederkehrende Zuchthaus- und Gefängnißstrafe
abschrecken und bei Manchen die Furcht vor großer Kost-
spieligkeit des neuen Strafensystems erwecken. Ungefähr
um dieselbe Zeit wurde auch in Glarus ein guter Strafge-
setz-Entwurf verworfen, obgleich das dortige Strafrecht an
fühlbaren Gebrechen leidet.

So ist denn bei einer recht guten Strafprozeßordnung
(1848) das materielle Strafrecht in Schwyz noch immer
in einem chaotischen Werden, wenn auch weiter vom Mittelalter entfernt als in Unterwalden, Uri, Zug und Appenzell J. Rh. Der Mangel eines guten Gefängnißwesens
mußte der Entwickelung der Strafrechtspflege hinderlich sein.
Früher hatte das wohl die Folge, daß Leute wegen Verbrechen hingerichtet wurden, die in Culturstaaten nicht mehr
als todeswürdig erschienen, z. B. im Jahre 1822 wurden
an einem Tage zwei Männer enthauptet, einer wegen Ur-
kundenfälschung, der andere wegen Diebstahl. Jetzt scheint
man die Wohlthat der Besserung im Zuchthause wenigstens
nicht verschwenderisch Cantonsfremden zuwenden zu wollen.
Ein sehr verdorbener junger Mensch, Karl Bossard aus
Zug, der schon mehrfach von auswärtigen Criminal- und
Polizeigerichten wegen Diebstahl bestraft war und einen
Theil seiner Jünglingsjahre im Zuchthause von St. Gallen
zugebracht hatte, war im Jahr 1862 Insasse des Armen-
hauses in Zug. Von hier besuchte er im Herbst das Can-
tonalschützenfest in Wollerau und verübte im Verlauf von

24 Stunden auf schwyzerischen Boden drei bedeutende
Diebstähle, von denen wenigstens einer ein erschwerter war.
Das Criminalgericht erkannte: dem Bossard sei die ausge-
standene Haft als Strafe anzurechnen, demselben sodann
30 Prügelstreiche zu appliciren, weiter derselbe aus dem
Canton zu verweisen und polizeilich heim zu transportiren.
„Heiliger Florian, behüt' dies Haus, zünd' andre an!"

Ueber Andreas Fricker von Veltheim, Canton Aargau,
wurde 1861 wegen Tödtung unter mildernden Umständen
zu Recht erkannt: 1) Er sei zu 8 Tagen Gefängniß, je um
den andern Tag mit magerer Kost, verurtheilt, 2) sei derselbe beim Antritt und nach Erstehung der Gefängnißstrafe
jedesmal mit 10 Stockstreichen zu züchtigen; (Willkommen
und Abschied nannte man das früher in Deutschland.) 3)
sei er auf 10 Jahre in seinen bürgerlichen Rechten und
Ehren eingestellt und auf gleiche Zeit aus dem Canton
Schwyz verwiesen. Da in dem Urtheil des Cantonsgerichts hervorgehoben ist, es gehe aus allen Verumständi-
gungen hervor, daß F. keineswegs die Absicht gehabt die
Frau F. schwer zu verletzen oder gar zu tödten, so lag nach
alter schweizerischer Grundanschauung keine unehrliche
Tödtung vor und war seine Behandlung als eines Ehr-
losen durchaus nicht am Platze.

Wenn man übrigens die Criminal-Statistik eines
Landes als dessen Tugend- oder Lasterspiegel nehmen dürfte,
so müßte man — was ich auch gar nicht in Abrede stellen
will — Schwyz ein sehr tugendsames Land nennen, denn

im Jahr 1860 standen dort nur 13, im Jahr 1861 nur 12 Individuen vor dem Criminalgericht.

Aus der Strafrechtsgeschichte des Landes Schwyz habe ich einen ältern Fall aufgespart, der wohl eine gesonderte Erzählung verdient. Vor 40 Jahren behandelte der Bauer Leonhard Carl Inderbitzi ein überreiches Thema in einer kleinen Druckschrift mit dem lockenden Titel: „Kaleidoskop oder unerschöpfliche Mannigfaltigkeit der Ehestandsfarben. Von einem sonderbaren und seltenen Autor im Hirtenhemd und Holzschuhen aus dem Canton Schwyz" (Zug 1824.) Aus dem Bereiche der „Mannigfaltigkeit der Ehestandsfarben" spielte ein Jahrhundert früher in der Familie Inderbitzi eine Geschichte, welche zeigt, daß auch das wirkliche Leben, nicht bloß die Phantasie, Romane hervorbringt.

Anna Maria Inderbitzi in Ibach an der Muota wurde bei ihrer Geburt mutterlos und bald verlor sie auch ihren Vater im Kriege 1712. Das verwaiste Mädchen fand bei dem Bruder des Vaters eine liebevolle Aufnahme, denn der biedere Mann sah in dem Kinde ein theures Vermächtniß des Zwillingsbruders, der in den Krieg hatte ziehen müssen, während er am heimischen Heerde bleiben konnte und der, als er die Todeswunde empfangen hatte, zum Himmel blickte und mit Vertrauen auf Gott und seinen Bruder in dem letzten Gebete für sein Kind das Leben aushauchte. Aber das Kind machte den Pflegeältern, je mehr es heranwuchs, nicht wenig Sorge; es war ein ganz ungewöhnliches Kind, dessen Wesen die guten Bauersleute nicht begriffen und das sie daher nicht zu leiten vermochten. Ohne Geschick für häusliche und ländliche Arbeiten, und auch nie streng dazu angehalten, führte das Mädchen inmitten einer emsig schaffenden Dorfbevölkerung ein Leben als wäre sie eine verwunschene Prinzessin aus einem Märchen. Im grünen Walde war ihr liebster Aufenthalt, da sprach sie mit den Vögeln und mit den Bäumen, schmückte sich phantastisch mit Laub und Blumen und vergaß oft das Heimkommen bis sie von den Ihrigen bei einbrechender Nacht gesucht wurde. Schulunterricht genoß sie mit den übrigen Dorfkindern nur im Winter und dieser Unterricht beschränkte sich auf Lesen, Auswendiglernen geistlicher Lieder und etwas Geschichte der Schweiz. Der Ludimagister erzählte den Kindern von Suit und Schejo, den mythischen Heroen des Ländchens, vom Tell, von Morgarten und Sempach und führte sie auch an einem Frühlingstage nach dem Flecken Schwyz, um ihnen am dortigen Rathhause die erzählten Geschichten in Bildern zu zeigen, wodurch den ohnehin nicht zweifelnden Kindern das Ganze zur lebendigen Wahrheit wurde. Bei Anna Maria gesellten sich zu diesem Unterricht und der Anschauung der Geschichte die Farbenspiele der Phantasie; ihr gefallener Vater wurde ihr ein Winkelried, der in dem Kampfe gegen die Berner bei Sins durch seinen Tod den Schwyzern den Sieg verschafft hatte. Da sie ihre historischen Entdeckungen den übrigen Kindern in lebhafter Schilderung mittheilte, so brachte sie in den annalistischen Geschichtsunterricht des Dorfschulmeisters nicht geringe Verwirrung. Als nun der Frühling es ihr gestattete den Schulstaub wieder mit dem Waldesduft zu vertauschen, da gesellte sich oft eine alte holzlesende Frau zu ihr, die das aufgeregte Kind durch wunderbare Erzählungen noch weiter in eine Zauberwelt hineinführte. Die Alte hatte sich erst vor Kurzem in Jbach eingefunden, nachdem sie heimatlos und unstät den größten Theil ihres Lebens in vieler Herren Ländern umhergeschweift war. Sie wurde in Jbach geduldet, da sie den Gebräuchen der Kirche genau nachlebte und bei manchen Krankheiten guten Rath zu ertheilen vermochte. Während sie vor den übrigen Dorfbewohnern sehr schweigsam war über ihr früheres Leben, kramte sie im stillen Walde vor dem Kinde den einzigen Schatz aus, den ihr das Leben gelassen, bunte Bilder aus der Ferne weit hinter den Bergen, wo große reiche Städte lagen und an Fürstenhöfen Cavaliere und Edelfräulein bei Turnieren der Minne pflegten, wohin über das wogende Meer bewimpelte Schiffe die Schätze aus fernen Welten trugen und die Menschen viele Sprachen redeten. Das staunende Kind nahm die phantastischen aus Wahrheit und Dichtung gemischten Bilder in sich auf ohne es zu ahnen, daß sie den Boden bereiteten für unsägliches Unglück seines spätern Lebens.

Der Sommer war noch nicht zu Ende, als plötzlich Anna Maria aus ihrer Traumwelt in einen neuen Lebensabschnitt versetzt wurde. Die Wittwe des bei Sins gefallenen Feldobersten Reding, die von dem hübschen ungewöhnlichen Mädchen gehört und erfahren hatte, daß es die

Tochter eines Kriegers sei, der an der Seite ihres Mannes den letzten Kampf gekämpft hatte, ließ das Kind zu sich kommen und fand an demselben so großen Gefallen, daß sie dasselbe zur Gesellschafterin ihrer eigenen Tochter gleichen Alters bestimmte. Die Pflegeältern Anne Mariens, die bei aller Liebe zu der Nichte sie nicht zu erziehen vermochten, willigten gern in den Vorschlag, der ihnen als ein Segen des Himmels erscheinen mußte. So kam Anna Maria in ein vornehmes Haus, das denn aber doch den soliden Charakter schweizerischer Häuslichkeit hatte und darum geeignet war, sie allmälig für das Leben brauchbar zu machen. Dem Unterricht, der ihre mangelhafte Schulbildung ergänzen sollte, widmete sie sich mit großem Eifer und bei ihrer geistigen Begabung mit raschen Erfolgen. Auch die Musik wurde nicht vernachlässigt, bei der freilich damals noch nicht darauf abgesehen wurde Clavier-Virtuosinnen und Coloratur-Sängerinnen zu bilden: mit einiger Gewandheit die Zither zu spielen und einfache Lieder zu singen, das erschien als die Kunsthöhe, zu welcher eine Schweizerin sich erheben konnte.

Das wildphantastische Kind reifte zur Jungfrau heran. Konnte man sie nicht schön nennen, so wäre doch das Prädicat hübsch viel zu matt gewesen, um ihre Erscheinung zu bezeichnen. Wenn sie das dunkle Auge aufschlug, so fesselte es, denn in diesem Spiegel reflectirte sich ein Geistesleben ungewöhnlicher Art. Die hüpfende Phantasie des Kindes war umgewandelt in eine tiefsinnige Schwärmerei. Anna Maria war auf dem Punkte ange=

kommen, wo sie unaussprechlich glücklich und unendlich un=
glücklich werden konnte, wenn die Liebe ihr Herz er=
faßte, und die Zeit blieb nicht aus, wo ihr des Lebens
Würfel fielen.

Die Familie Reding war eine echte Soldatenfamilie;
die Kämpfe in der Schweiz wie die Kriege der Könige und
Fürsten umher zeigen Jahrhunderte hindurch Redings in
hervorragender Stellung; aber das kleine Ländchen Schwyz
schickte fortwährend noch viele andere seiner Söhne auf die=
selbe kriegerische Laufbahn ins Ausland und so hatte
Schwyz die entgegengesetzten Pole des stillen Hirtenlebens
und des wilden Kriegslebens. Zu der Zeit, bei welcher
unsere Erzählung angelangt ist, kam ein in französischen
Diensten stehender junger Offizier, der in einem Duell ver=
wundet war, nach Schwyz, um in der heimatlichen Berg=
luft völlige Genesung zu suchen. Er wurde bald ein
häufiger Gast in dem Hause, in welchem sich Anna Maria
Inderbitzi in halber Freiheit und halber Abhängigkeit be=
fand. Ein junger blasser verwundeter Krieger ist immer
gefährlich für ein jungfräuliches Herz und als der junge
Mann dem Mädchen die zarteste Aufmerksamkeit erwies,
auch an französischer Galanterie es nicht fehlen ließ, die sie
für eine edlere Liebesform nahm, da erwachte in ihr eine
Leidenschaft, die keinen Widerstand fand an sittlicher Kraft,
sondern, wie einst ihre Kinderphantasie, schrankenlos über=
fluthete. Die Beendigung des Urlaubs rief den Offizier
nach Frankreich zurück und Anna Maria —

„was hat man dir, du armes Kind, gethan?

In durchweinten Nächten gestaltete sich aus dem Ge-
wirre hoffnungsloser Liebe und herzzerreißenden Schmerzes
der Entschluß die Heimat zu verlassen, bevor ihre Schande
zum Gerede der in solchen Fällen „tapfer schmälenden"
Mädchen= und Frauenwelt würde. Aber wohin? Vor-
läufig hatte sie kein anderes Ziel, als die weite weite Welt.

Wir finden sie wieder an der Grenze der Schweiz und
des Elsaßes in einer Gesellschaft „fahrender Leute", welche
obdachlos und zigeunerartig nomadisirten. Sie war von
einer alten Frau betroffen worden, als sie am Ufer des
Rheins ihren Blick versenkt hatte in die ruhig dahinfließen-
de und Ruhe verheißende Fluth. Es bedurfte keines besondern Scharfblicks der Alten, um die Lage des unglück-
lichen Mädchens zu erkennen und da sie ihr die Erzählung
ihrer Geschichte ersparen konnte, war die Kluft des Fremd-
seins schon einigermaßen übersprungen. Das hübsche
Mädchen für ihre Gesellschaft zu gewinnen, erschien der
Alten ein vortheilhafter Plan und sie besaß Lebens-
erfahrung und Gewandtheit genug, um durch eine ein-
schmeichelnde, aber allen Schein der Zudringlichkeit ver-
meidende Freundlichkeit ein armes Geschöpf heranzuziehen,
das so ganz einsam und verlassen in der Welt dastand.
So gerieth Anna Maria in eine Genossenschaft, deren
Lebenszwecke ihr vorerst verschleiert blieben und in welcher
sie unter der Obhut der Alten zur Mitwirkung eine geraume Zeit gar nicht angehalten wurde. Sodann nahm
man sie auch nur als Zitherspielerin und Sängerin in Anspruch, zuerst im Kreise der „Ihrigen" um stille Feuer im

Walde, darauf an Kirchweihen und Jahrmärkten, wo die
collectirende Alte eine gute Ernte hatte, da die Schweizer=
lieder des Mädchens mit den großen Augen und dem blaffen
Gesichte gar wohl gefielen. Zwar schnitt es ihr ins Herz,
wenn sie ein Liebeslied sang, aber das Weh im Herzen
verlieh ihrer Stimme einen eignen Schmelz und in den
Saiten zitterte die Liebesklage in ungewöhnlichen Accorden.
Zwar erschien ihr nun die weite Welt so ganz anders, als
die alte Vesa im Walde von Ibach geschildert hatte, aber
allmälig gefiel ihr das Wanderleben und immer weiter
entfernte sie sich unter dem Einflusse ihrer Umgebung von
den zarteren Gefühlen, die sie aus ihrem frühern Leben
mitgebracht hatte. Als jedoch die hin= und herfluthende
Bande aus dem Elsaß und Baden in die Schweiz geworfen
war, da weigerte sich Anna Maria, die Heimatklänge ihrer
Schweizerlieder hier in feiler Kunst auszubieten, weßhalb
sie roh von den rohen Genossen behandelt wurde. Der
Gedanke der Flucht ward bald mächtig und schlau wußte
sie eines Abends die mit Argusaugen sie bewachende Alte
zu täuschen und sich loszumachen von der unsaubern Gesell=
schaft. Wieder stand sie einsam in der Welt da, aber nicht
mehr scheu und verlegen um die Mittel das Leben fortzu=
führen, wie es eben gehen möge. In Bern gab sie sich
für die Tochter des Landammanns Reding aus, der sie
habe zwingen wollen in Solothurn in ein Kloster zu gehen,
weßhalb sie das älterliche Haus verlassen habe. Da sie
mit den Verhältnissen der Familie Reding so gut bekannt
war, erhielt sie reichliche Unterstützung, aber zu ihrem Un=

glück wurde die Sache nach Schwyz gemeldet und ihr Verhalten erkannt, so daß der Rath beschloß: „die 200 Gulden,
so Maria Inderbitzi erhalten, sollen bezahlt und die Person durch einen Expressen abgeholt werden". So geschah
es und das Mädchen mußte eidlich versprechen den Canton
Schwyz nicht zu verlassen. Aber was sollte sie dort anfangen? Ihr Onkel war gestorben und die übrigen Verwandten weigerten sich jeder nähern Verbindung mit der
liederlichen Herumtreiberin. So fiel sie denn ihrer Heimat-
gemeinde zu, die ihr natürlich das kärgliche Armenbrot
nicht umsonst geben wollte; aber zu arbeiten hatte sie
früher wenig gelernt und es mittlerweile ganz verlernt.
Eines Tages war sie spurlos verschwunden und geraume
Zeit trieb sie sich bald in Süddeutschland bald in der
Schweiz umher, immer tiefer sinkend und wenn die Noth
groß wurde, auch vor Diebereien nicht zurückschreckend.
Zuletzt wurde sie in Willisau gefangen, nach Schwyz trans-
portirt und daselbst auf dem Rathhause eingesperrt. Ihr
Sündenregister war groß genug, um ein peinliches Verfahren zu veranlassen und am 15. Januar 1725 versammelte sich das zweifache Malefizgericht, um über sie zu urtheilen. Da führte aber ein sonderbarer Incidenzfall auf
eine eigenthümliche Rechtsfrage. Ein Gerbergesell Magnus
Weber von Mölig in Schwaben trat vor das Gericht mit
der Erklärung, wenn der Anna Maria Inderbitzi das Leben
geschenkt und sie von Henkershand verschont werde, wolle
er sie ehelichen; er habe sie zwar nie weder gesehen noch ge-
sprochen, sein Entschluß rühre lediglich aus christlichem

4*

Mitleiden her, auch habe sein Großvater eine solche Weibs-
person durch Heirat am Leben erhalten und Glück und
Segen habe auf ihrer Verbindung geruht. Das Malefiz-
gericht kam nach reiflicher Ueberlegung zu dem Erkenntniß:
„Es sollen beide Personen in der kleinen Rathsstube auf
der Stelle zusammengeführt werden und wenn beide in das
Eheversprechen einwilligen, soll der Anna Maria jede
Strafe nachgelassen sein". In Gegenwart des Pfarrers
Werner Strübi und zweier Kapuziner fand die seltsame
Verlobung statt und während Magnus Weber die erforder-
lichen Schriften aus seiner Heimat abholte, blieb die Braut
auf seinen Wunsch und seine Kosten auf dem Rathhause.
Nach vierzehn Tagen war die Hochzeit. Wie sich das
Kaleidoskop der Ehestandsfarben gestaltete, darüber haben
wir leider keine authentischen Nachrichten.

Aus Deutschland sind viele Fälle bekannt, in denen
aus Begünstigung der Ehe das verwirkte Leben geschenkt
wurde; auch in der Schweiz steht der obige Fall nicht ver-
einzelt da und aus der zweiten Hälfte des siebzehnten Jahrhunderts wird eine Geschichte erzählt, die Gellert's Fabel
„Der beherzte Entschluß" an Pikanterie überbietet. In
Romont (Canton Freiburg) sollte ein junger Mann wegen
Diebstahl gehängt werden. Als er schon unter dem Galgen
stand, trat ein Mädchen heran und erbot sich ihn zu ehelichen und dadurch, „nach der Sitte des Landes", sein
Leben zu retten, auch wolle sie alle Prozeßkosten bezahlen.
Der Verurtheilte sah sie einen Augenblick an, dann aber
klopfte er dem Henker auf die Schulter und sagte: „Com-

père mon ami, allons seulement notre petit train, elle est borgne" — und ließ sich hängen.

Psychologisch interessant ist es, daß in allen mir bekannten Fällen der Art die rettenden Engel zartfühlende Mädchen waren; nur der obige Fall aus Schwyz und einer aus Augsburg (1621), ein anderer aus Solothurn (1632), machen eine Ausnahme.

Auch dem Civilrecht und deffen Behandlung im Lande Schwyz läßt sich eine culturgeschichtliche Seite abgewinnen und ich kann es mir nicht versagen, die kurze Besprechung dieses Thema's mit einer Geschichte zu beginnen, die zwar in der Schweiz allgemein bekannt ist, aber auch als Tradition alter Biederkeit nicht vergeffen werden darf.

Zwei Nachbarn waren wegen eines Stückes Wiesenland streitig geworden. Als nun zum letzten Mal in dem Sommer das Siebnergericht in Schwyz anberaumt war, ging Franz am Abend vorher zu seinem Nachbarn und sagte: „Caspar, du mußt morgen mit auf Schwyz kommen, damit wir unsre Sache dem Richter vortragen können". Dem Caspar war dieser Vorschlag sehr unbequem, weil seine ganze Heuernte daliege und nothwendig eingebracht werden müffe, wogegen ihm Franz bemerkte, daß in langer Zeit dann keine richterliche Entscheidung erhältlich sein werde und die Wiese doch besorgt werden müffe. „Nun denn, sagte Caspar, so gehe du allein nach Schwyz und trage dem Richter deine und meine Gründe vor". — „Gut, wenn du mir die Sache anvertrauen willst, so werde ich sie

für dich wie für mich besorgen". Und so geschah es. Caspar
blieb daheim und besorgte seine Heuernte, Franz wanderte
nach Schwyz und trug dem Richter die Gründe einfach
und redlich vor. Am Abend trat er zu seinem Nachbarn
ins Haus und sagte: „Ich wünsche dir Glück, Nachbar,
du hast den Handel gewonnen und die Wiese ist nun dein
Eigenthum".

Einen Gegensatz zu dieser glaubwürdigen Geschichte
bildet eine Rechtssage, die schwerlich auf diesem Boden
gewachsen ist, sondern hier nur eine besondere Form angenommen hat:

Die Gemeinde Aegeri (Canton Zug) ist auf eigenthümliche Weise in den Besitz einer Allmend gekommen, die
sich in den Bezirk Wollerau (Canton Schwyz) hinein-
erstreckt. Während eines großen Sterbens waren alle der
Grenzen kundigen älteren Männer abhanden gekommen.
Um die Grenzen wieder festzusetzen, verabredete man sich,
es sollten zwei Männer zur gleichen Zeit von zwei bestimmten Stellen, jeder in seiner Gemeinde, ausgehen und
wo sie zusammenträfen, sollte die Grenzmarke sein. Der Mann
von Aegeri bediente sich aber, um vorwärts zu kommen,
für den größten Theil des Weges eines Pferdes. Die
von Wollerau, eine Täuschung erkennend, machten die
Sache gerichtlich und schoben dem Mann von Aegeri den
Eid zu, wozu er sich auch bereit erklärte, aber erst,
nachdem er Erde aus seinem Garten in die Schuhe ge-
streut und Löffel und Kamm in seinen Hut gesteckt hatte,

schwur er: „So wahr er seinen Schöpfer und Richter*)
über sich habe, stehe er auf seinem Grund und Boden".
Der Richter mußte nun für Aegeri entscheiden. Aber bald
nach dem Tode des Mannes von Aegeri sah man ihn
auf dem Schimmel, den er geritten, an der fraglichen
Stelle, tobend und wüst thuend. Fromme Geistliche
bannten ihn rückwärts, aber an den Frohnfasten und in
einigen anderen Nächten erschien er noch fort und fort.
So erzählte ein Mann in Schwyz an Meyer von Knonau,
den Verfasser einer trefflichen Beschreibung des Cantons
Schwyz, mit der Beglaubigung, sein, des Erzählers
Schwiegervater, der an einem Frohnfastentage geboren
sei, habe es selbst gesehen und gehört und ihm mitge=
theilt. Es sind hier augenscheinlich mehrere auch anders=
wo bekannte Sagen zusammengerollt.

In dem herrlichen Landbuche von Schwyz erkennen
wir die Wurzeln eines naturwüchsigen in Jahrhunderten
gewordenen Rechts, das noch jetzt Kraft und Geltung
nicht verloren hat, denn Menschen und Verhältnisse, denen
das Recht dienen soll, sind dort nicht so verändert wie
in anderen Ländern. Das Verhältniß von Allmend und
Sondereigenthum bildet jetzt ein rechtliches Hauptthema
wie in alter Zeit und wir dürfen dabei wohl einige
Augenblicke verweilen.

Wenn in der üppigen Frühlingszeit die unzähligen
Obstbäume, mit denen die Wiesen überall in den Niede=

---

*) In dem Wortspiel: Löffel und Kamm. Richter ist ein Kamm mit weiten
Zähnen, richten wird für kämmen gebraucht.

rungen bedeckt find, ihre Blüthenpracht entfaltet haben
und daneben das ernste dunkle Grün der Tannenwälder
ins Auge fällt, so glaubt man sich in eine Verzauberung
verseßt, welche die Bilder des Winters und des Sommers
rasch mit einander vertauscht, denn das „Bluft"*) in
seiner Continuität erscheint wie eine frische Schneedecke
und ist doch der heitere Frühlingsmantel, das Tannen=
grün stellt daneben den Sommer vor und ist doch das alte
Winterkleid.

Diese Obstbaumfülle in Schwyz ist recht alt und wir
finden schon früh Rechtsbestimmungen zu dem Zwecke, die
Obstbaumkultur zu fördern, indem die Markgenossen durch
rechtliche Vortheile aufgemuntert wurden, Obstbäume auf
der Allmend zu pflanzen. Ein Landraths=Beschluß von
1664 bestimmte, daß jeder Landmann sechs Bäume auf
die Allmend seßen dürfe und daß diese Bäume ihm und
seinen Kindern zu eigen sein, beim Tode der leßteren aber
Gemeingut werden sollten, so daß der Charakter der All=
mend dabei doch gewahrt blieb. Diese Einrichtung be=
steht noch und wie das Recht im Stillen sich weiter bildet,
zeigt ein Gebrauch, der sich daran geheftet hat. Der
Pflanzer läßt, um seiner Familie möglichst lange den Nußen
der Bäume zu erhalten, beim Pflanzen seinen kleinen
Knaben den Stamm des Baumes halten und dieser Knabe
wird dann nach einer wohlwollenden Auslegung als der
Pflanzer betrachtet.

---

*) Bluft ist ein treffliches Collectivum des Schweizerdeutsch und bezeich=
net den ganzen Blüthenschmuck eines Baumes und anderer Pflanzen.

Das Hauptobst in Schwyz bilden die Kirschen, die dort weit hinauf, selbst in rauher Gegend gedeihen, und entweder gedörrt oder mehr noch durch Brennen zur Bereitung des beliebten „Kriesiwassers" verwendet werden. Im Thurgau, der einem großen Obstgarten gleicht, dominiren die Birnen, aus denen Most in so großer Quantität gewonnen wird, daß dieser Canton den Namen „Mostindien" erhalten hat, und welcher Reichthum hier aus den Obstbäumen, die doch keiner großen unausgesetzten Pflege bedürfen wie der Weinstock, dem Lande zuwächst, zeigt die statistische Notiz, daß die dortigen Obstbäume ein Capital von 44 Millionen Franken bilden und einen durchschnittlichen jährlichen Reinertrag von nahezu 2 Millionen Franken ergeben.

Mit den Kirschen beschäftigte sich im Jahre 1530 eine Landsgemeinde von Schwyz, in welcher erklärt wurde, die Kirschen seien bisher Reichen und Armen ein gemeines Obst gewesen und man lasse sie auch ein freies gemeines Obst bleiben; wolle jemand seine Kirschen wehren, der möge den Baum zeichnen und einen Dorn daran hängen. In dieser Handlung ist eine Aussonderung und Besitzergreifung zu sehen, daher heißt es weiter, wer von einem bezeichneten Baume Kirschen nähme, würde als Dieb angesehen und wer ihn als Dieb behandle oder so nenne, sei außer Verantwortung. — „Ob yemanß den andern dorum diebet oder dorum zurett, soll er im dorum nüt zu anthwurten han." — Jemand Dieb nennen gehörte sonst zu den „bösen Worten" und wer den Vorwurf nicht beweisen konnte, kam in schlimme Verantwortung. — Obgleich nun

die Kirschen in Schwyz ihre Eigenschaft als Gemeingut verloren haben, erhielt sich die symbolische Besitzbezeichnnng;
noch vor einigen Jahrzehnten war es sehr gebräuchlich,
Kirschbäume oben am Stamme mit Dornen zu behängen
und es kommt dies auch jetzt noch vor, obgleich die ur-
sprüngliche Bedeutung wohl nicht mehr allgemein bekannt
ist, sondern man darin eine Abwehr lüsterner Menschen sieht.

Verwandte auf die Obstbäume sich beziehende Rechts-
sitten finden sich auch in anderen Theilen der Schweiz und
als nicht gar weit abliegend darf ich hier einen Zug er-
wähnen, der uns das alte Recht als auf dem Boden schöner
Humanität stehend zeigt. Neben der Kirche in Affeltrangen
im Thurgau war oder ist vielleicht noch ein in einem besondern Frieden stehender Kirschbaum, der „Kriesibaum"
der Kinder des Dorfes und niemand rührt ihn an, bis an
einem Sonntage die reifen Kirschen abgenommen und unter sämtliche Kinder vertheilt werden. Die alte welke Frau,
welche mir dies erzählte, hatte auch als rothwangiges Kind
an dieser Kriesi-Bescheerung Theil genommen und wie einst
als Kind, freute sie sich jetzt für die Kinder der Wiederkehr
des Festtages.

In Allstätten bei Zürich war es noch in diesem
Jahrhundert Gebrauch, daß der Prediger in der Kirche
an einem Sonntage, wenn die Kirschen reif waren, den
Kriesi-Segen sprach und sein Amen war das Signal zur
Besitzergreifung, so daß die behenden Leute herausstürzten
und wer dann zuerst einen Baum auf der Allmend um-
armte, dem gehörte für dieses Mal dessen Frucht. Hie

und da war auch zur Zeit der Obstreise ein Tag in der
Weise zum Ablesen bestimmt, daß wer am Morgen früh zuerst zu einem nicht besonders zugetheilten Baum kam,
dessen Früchte sich zueignen durfte, was sogar zu der Arg-
list führte, daß einer, der einen besonders reichen Baum
ins Auge gefaßt hatte, ihn heimlich in der Nacht vorher
bestieg und wie ein Vogel auf dem Zweige dort saß, um
mit dem Morgengrauen, wenn der gesetzliche Zeitpunkt gekommen, herabzuspringen und Besitz zu ergreifen, denn der
buchstäbliche „Besitz" während der Nachtstunden war noch
kein civiler Besitz.

Aus der Zeit, in welcher Recht und Sittlichkeit weniger geschieden waren als in Folge moderner Gesetzgebung,
erwähne ich noch einen schönen Zug im Rechtsleben von
Schwyz. Nach einem Rathserkenntniß von 1662 soll,
wenn ein Schuldner krank und in Todesgefahr liegt, also
daß er mit dem heiligen Sacrament versehen wird, der
Gläubiger nicht Gewalt haben, den Schuldner mit Pfand
anzugreifen, bis derselbe todt ist oder aber beständige
Besserung ersehen wird. Diese Bestimmung ist in dem
noch giltigen Gesetze über den Schuldentrieb vom 28. November 1828 ganz ähnlich wiederholt.

Familie und Gemeinde, weil beide dabei interessirt
sind, wirken zusammen gegen Verschwender durch deren
Bevogtung. Diese Art der Vormundschaft ist jünger als
diejenige über Wittwen und Waisen und Geisteskranke.
Das Landbuch von Küßnacht (1769) bestimmt unter der

Rubrik „von liederlichen Leuten" darüber: „Diejenigen
Leute, so mit ihrem verthunlichen Leben ihre Kinder in
Armuth, hiemit dero Verwandten in Kosten und Schuldig-
keit dero Erhaltung setzen, sollen von Ammann und Rath
bevogtet werden und jährlich an dem ersten Sonntag nach
dem neuen Jahr in der Kirche verlesen und verkündet werden, auf daß jedermann wisse, daß sie bevogtet seien und
sich hiemit nach Satzung bevogteter Personen verhalten
könne". Die letztere Hinweisung bedeutet, daß der Bevogtete handlungsunfähig ist und alle mit ihm ohne Einwilli-
gung des Vormundes eingegangenen Rechtsgeschäfte un-
giltig sind. Es erinnert diese in der Schweiz weit verbreitete Bevogtung an die strenge altrömische Curatel über
Verschwender, denn bei den Römern war es nach dem Aus-
spruche eines alten Römers das größte Lob, ein guter Familienvater zu heißen, und nicht häuslich zu sein ist bei den
Schweizern ein schlimmer Vorwurf; der bankerott Gewordene wird „verlumpt" genannt. Die Leichtigkeit, mit der
es zur Bevogtuug eines Verschwenders kommt, besonders
im Canton Zürich, steht aber im starken Gegensatze zu der
Anschauung der Engländer, ohne daß man deshalb diese für
ein leichtsinniges Volk zu halten hat. Das englische Recht kennt
gar keine Vormundschaft wegen Verschwendung, sondern nur,
wenn für diese eine Geisteskrankheit als Grund angenommen
wird. Wie die Engländer die Sache ansehen, zeigte der berühmt
oder berüchtigt gewordene Windham'sche Fall. In der Schweiz
würde die Familie des jungen, aber majorennen Windham,
die in England vergeblich so große Anstrengungen dazu

machte, deſſen Bevogtung leicht durchgeſetzt haben, in England fiel ſie mit ihrer Klage durch und die Times ſprach am
Tage nach der gerichtlichen Entſcheidung die engliſche An-
ſchauung in einer Weiſe aus, die mit der ſchweizeriſchen
Behandlung der Vormundſchaft über Verſchwender ſtark
contraſtirt. Herr Windham, ſagt die Times, wird in den
nächſten Jahren aller Wahrſcheinlichkeit ein Bettler ſein.
Die Geſellſchaft kann es aber nicht unternehmen die Menſchen gegen die Folgen ihrer eigenen Schwächen oder Laſter
zu beſchützen. Die Beſtrafung von Verbrechen und Vergehen geſchieht zur Vertheidigung der Geſellſchaft ſelbſt,
aber bloße Laſterhaftigkeit muß bei erwachſenen Menſchen
der Nemeſis anheimgegeben werden, welche das Laſter un-
ausweichlich nach ſich zieht. Welches Intereſſe hat die ge-
genwärtige Geſellſchaft, daß dieſer verlorne Sohn der Familie W. eine gewiſſe Summe Geldes und eine beſtimmte
Anzahl Morgen Landes ſein Leben lang behalte und
ſolches gewiſſen beſtimmten Perſonen bei ſeinem Tode
hinterlaſſe? Laßt ihn daher dareinfahren und verſchleu-
dern, ſo viel er mag; ſein Geld geht darum nicht unter,
ſeine Ländereien werden von der Grafſchaftskarte nicht
verſchwinden, vielmehr werden die Güter in den Händen
eines neuen Käufers nur beſſer gedeihen und das Geld
wird durch manche Kanäle in Hände gelangen, die vielleicht einen beſſern Gebrauch davon machen werden. Das
Intereſſe, welches die Geſellſchaft hat, geht nur ſo weit,
daß die Herrſchaft über das Eigenthum in den Händen
ihrer rechtmäßigen Beſitzer verbleibe. Dies iſt der Eckſtein,

auf welchem die Gesellschaft ruht und eine Schwächung
dieses Grundsatzes würde unser ganzes System aus dem
Geleise bringen. Aber: nemo est heres viventis! so lange
ein Mensch lebt, soll er nach unseren Gesetzen und dem
Geist unserer Gesetze die vollständige Verfügung über all
sein Eigenthum haben. In einigen Ländern des Conti-
nents ist die Sache anders, aber nach solchen Einschrän-
kungen der unbedingten Verfügungsfreiheit über das Eigenthum hat es uns niemals gelüstet. Allerdings ist es höchst
unangenehm für die nächsten Verwandten, zusehen zu müssen,
wie ein Vermögen zu Grunde gerichtet wird, das mensch-
licher Wahrscheinlichkeit nach an sie gekommen wäre, aber
ganz dieselbe Unannehmlichkeit findet auch statt, wenn einem
Neffen sein alter Onkel, auf dessen Vermögen er speculirte,
noch heirathet, und demselben noch ein Sohn geboren wird
oder wenn irgend ein anderes Ereigniß eintritt, durch
welches die Hoffnungen des Neffen vereitelt werden. Das
Gesetz kann einem Verschwender gegen sich selbst oder seinen
Verwandten gegen seine Verschwendungssucht keine Hülfe
gewähren, ohne schon durch den bloßen Versuch einer De-
finition, was als Verschwendung zu betrachten sei, die
Sicherheit des Eigenthums zu verletzen. Wo könnte man
aufhören, wenn man einer Jury gestatten wollte, einem
Menschen sein Eigenthum zu entziehen, so oft seine präsum-
tiven Erben mit der Art und Weise, wie er sein Vermögen gebraucht und auch mißbraucht, nicht einverstanden
wären. Das Leben würde seinen Werth verlieren, wenn
es aufkommen sollte, daß ein Mann von Spionen umgeben.

alle seine dummen Streiche aufgezeichnet, seine Geschäfts=
führung einer Kritik unterworfen, über alle seine Ge=
brechen und Laster ein genaues Register geführt würde,
und wenn dann dieses ganze Material, vielleicht übertrieben
und mit etwas Meineid gewürzt zu einem gegebenen Momente veröffentlicht und vor die Jury gebracht werden
könnte und zwar durch Personen, die das größte Inter=
esse daran haben, den Betreffenden seines Eigenthums
und seiner Freiheit zu berauben. Das kann nicht sein.
Das System des römischen Rechts und die Beschränkungen
der Testirfreiheit der französischen Gesetzgebung laufen allen
unseren Ideen von Eigenthum und Freiheit zuwider. So=
fern ein Mensch nicht blödsinnig oder wahnsinnig ist, müssen
wir ihn im Besitze seines Vermögens sowol belassen, als
ihm auch überlassen, dasselbe zu sparen oder zu verschleu=
dern. Im Prinzipe unseres Rechts liegt nichts Fehlerhaftes.

Dieser englischen Consequenz gegenüber wird ein
Vertheidiger der schweizerischen Bevogtung von Verschwen=
dern geltend machen können, daß nach altschweizerischen
wie altdeutschen Rechtsanschauungen das liegende Gut
Familiengut war und nicht leicht aus der Familie heraus,
deren Wohlstand darin ruhte, sollte veräußert werden,
besonders aber wird er auf die Pflicht der Familie und
der Gemeinde zur Ernährung ihrer Armen und Verarmten
verweisen, da grade unter dem Einfluße dieser Rücksicht
sich diese Art der Bevogtung in neuerer Zeit erst recht
entwickelt hat. Allein damit läßt sich die Leichtigkeit, mit
der eine solche Bevormundung zu Stande kommt, trotz

gewisser Formen, durch welche die Gesetzgebung gegen ein
zu rasches Verfahren schützen will, nicht rechtfertigen. Es
ist sicherlich nicht ohne Grund, wenn man so oft über
Mißbrauch in dieser Angelegenheit klagen hört und daß
oft Familie und Gemeinde aus unlautern Motiven zu-
sammenwirken, um die Bevogtung eines Mannes zu be-
treiben, der nicht häuslich zu sein scheint. Der Gemeinde
ist an den Steuern gar sehr gelegen, und durch die
Inventarisirung des Vermögens eines zu Bevogtenden erhalten die Gemeindebehörden die genaueste Einsicht in den
Vermögensbestand, was denn auch der Familie sehr genehm ist. Aber es muß auch in die Wagschale fallen,
daß die Ehre des Mannes ein Gut ist und sehr allgemein wird in der Bevogtung wegen Verschwendung eine
Ehrenschmälerung gesehen, die von ihm auch auf Frau
und Kinder einen Schatten wirft; es muß auch berück-
sichtigt werden, daß mancher Bevogtete alle Elasticität
für das Leben verliert, da er nach allen Seiten hin in
der freien Bewegung gehemmt und gebannt ist und vielleicht unter der Controle dessen steht, den er von Grund
seines Herzens haßt. Es ist mir ein Fall aus dem Canton Zürich, wo eine solche Vormundschaft besonders häufig
ist, bekannt, daß ein junger Familienvater, der schon
durch seine Heirath mit seinen Verwandten in ein gespanntes
Verhältniß gekommen war, drohte, wenn man ihm das
Uebel der Bevogtung anthue, werde er sich das Leben
nehmen und als es nun doch geschah, fand man ihn am
andern Tage erhängt.

III.

Gersau, der kleinste Freistaat.

„Wenn keine kleinere Republik es gab als die von Gersau, so gab es gewiß auch keine glücklichere", sagt Riegert, ein Geschichtschreiber dieses Ländchens. In dem Kranze der lieblichen Orte am Gestade des Vierwald-stättersees, am Fuße des Rigi oder der Rigi, wie man dort sagt, als eine treue Wacht haltender Vasall der Kö-nigin der Berge (regina montium) erhebt sich Gersau auf einer kleinen eingeteilten Ebene, die der Berg von seiner Masse abgegeben hat, damit sie eine Stätte werde für Menschenwohnung zwischen der Gebirgswelt und der Wasserwelt. Der Boden Gersau's ist wohl nur der Schutt-kegel von zwei herabstürzenden Waldbächen. Auf die natürlichsten Grenzen angewiesen, hat denn auch Gersau nichts begehrt als ungestörten Frieden in seinen kleinen, zum glücklichen Leben geformten Verhältnissen. Noli tur-bare circulos meos — „störe mir meine Freiheit nicht", das ist die Signatur der Geschichte des Freistaats Ger-sau gewesen.

Gersau wurde 1332 in den Bund der vier Wald-stätte Uri, Schwyz, Unterwalden und Luzern aufgenom-men und hatte bald Gelegenheit sich als Eidgenosse zu be-währen, als Leopold von Oesterreich es unternahm „den trotzigen Bund in gottgefälligem Kriege zu strafen". Hun-dert (?) Gersauer sollen an der Schlacht bei Sempach 1386 Theilgenommen und das Banner von Hohenzollern

erbeutet haben. Unter Leopold's Rittern war der schwarze
Graf, Friedrich von Zollern, einer der Anführer der
Nachhut des herzoglichen Heeres. Das Siegeszeichen wurde
in der Kirche von Gersau aufbewahrt, ist aber jetzt
nicht mehr vorhanden. Man erzählt, daß ein in Ger=
sau angesiedelter Färber aus Baiern, Hertel, der Kirchen=
vogt geworden, das Banner beseitigt und wieder nach
Deutschland befördert habe (1732).

Gersau hatte nun zwar bei Sempach die Bluttaufe
als Eidgenoß empfangen, war aber damit nicht unab=
hängig von aller Herrschaft, sondern die Einwohner blie=
ben den Edlen von Moos pflichtig. Wie es im Mittel=
alter nicht ungewöhnlich war bei der oft eintretenden
Geldverlegenheit der großen und kleinen Herren, konnten
die von Moos ihre Rechte verkaufen und verpfänden und
Gersau's Freiheitssinn, wiewohl er sich nach außen gegen
den Feind der Eidgenossenschaft geltend gemacht hatte,
trug doch die Fessel der Abhängigkeit. In rührender
Weise entledigten sie sich derselben. Riegert meldet: „Nach=
dem sie zehn Jahre gespart und sich durch Abbruch an
ihrem Munde und strengeres Arbeiten jeder ein Stück
Geldes erhauset hatte, so legten sie es brüderlich zusam=
men und kauften im Jahr 1390 von den Edlen Peter,
Johann und Agnese von Moos, deren Vater Schultheiß
zu Luzern gewesen und bei Sempach den Heldentod fürs
Vaterland gestorben war, die hohen und niederen Gerichte,
Twing und Bann, Grundzinse und Zehnten um die
Summe von 690 Pfund Pfenninge, welche das Pfund

à 5 Gulden 3450 rheinische Gulden ausmacht". Wenn man diese Summe nach dem damaligen Werthe des Geldes schätzt, so war sie sehr bedeutend, aber die Gersauer wußten, daß die Freiheit nie zu theuer ist. Es wäre sehr verkehrt, wenn man sich die Freiheitskämpfe der alten Eidgenossen als auskehrende Revolutionen dächte. Die Urkunde des ältesten Bündnisses der drei Waldstätte 1291 beginnt: „Jedem sei zu wissen, daß die Männer des Thales Uri, die Gemeinde von Schwyz, wie auch die der Männer im Gebirge von Unterwalden in Erwägung der bösen Zeiten sich wohlvertrauenlich verbunden und geschworen haben, mit aller Macht und Anstrengung an Gut und Leuten einander in und außer den Thälern auf eigene Kosten auf und wider alle die zu helfen, welche ihnen oder einem von ihnen Gewalt anthun möchten: das ist ihr alter Bund". Aber unmittelbar auf diese feste Erklärung folgt der Satz: „Wer einen Herrn hat, gehorche ihm pflichtgemäß". So wenig sie aufhören wollten sich als Glieder und Stände des römischen Reiches deutscher Nation zu betrachten, im Gegentheil ganz unmittelbar dem Kaiser und dem Reiche sich unterordneten, so wenig kam es ihnen in den Sinn, die in den lehnsrechtlichen Verhältnissen liegenden und von ihnen als wohlerworben angesehenen Rechte zu negiren; neben dem Freiheitssinn blieb der Gerechtigkeitssinn und Johannes von Müller sagt daher: „Die rhätischen wie die schweizerischen Bünde haben keinen Menschen im Besitz auch der sonderbarsten Befugnisse gestört". Mit dem

5*

Schwerte in der Hand traten sie der Gewalt entgegen für ihre politische Sebstständigkeit, die Fesseln der Hörigkeit lösten sie durch Geld, das sie mit schwerer Arbeit verdienen mußten. So handelten die Hünenberger in Zug und so die Gersauer im Jahr 1390.

Als nun Gersau in vollkommener Freiheit dastand und keinen Herrn zwischen sich und dem Kaiser anzuerkennen hatte, benußte es die Anwesenheit Kaiser Sigismund's, der nach seiner Krönung in Rom 1431 wieder in die Schweiz gekommen war und von Luzern aus den See befuhr, um die Bestätigung seiner Freiheiten und Rechte zu bitten. Die Bestätigungsurkunde oder Handfeste, im Original mit dem großen kaiserlichen Sigill versehen, datirt Basel 1433, befindet sich noch im Archiv von Gersau. Eine solche Bestätigung erschien vornemlich nöthig des Blutbannes wegen, den nur der Kaiser verleihen konnte und Gersau hatte fortan das Recht einen Galgen zu besißen. Wie man überhaupt in der Schweiz für die Galgen stets die schönsten Punkte auswählte, so thaten es auch die Gersauer. Sie zeigten sich aber bei der Wahl des Orts zugleich als Landleute und Seeleute. Zwei der mächtigen steinernen Säulen standen auf dem Lande, eine im See, so daß der Gehängte nicht bloß zwischen Himmel und Erde schwebte, sondern auch die grüne Fluth den Galgen bespülte. Die drei Säulenfüße sind noch deutlich zu sehen. Den größeren Nachbarn, die überhaupt geneigt waren Gersau mit seiner souveränen Kleinheit zu necken, mochte es als ein Sichwichtigmachen erscheinen, daß Gersau dieses Symbol der hohen

Gerichtsbarkeit so in die Welt hinausscheinen ließ und es veranlaßte dies in der zweiten Hälfte des vorigen Jahrhunderts einen Handel mit den übermüthigen Luzernern, der bald zu einem Casus belli geworden wäre. Schiffleute von Luzern stiegen einst zur Nachtzeit in Gersau ans Land und hingen einen Strohmann an den seit lange in Unthätigkeit stehenden Galgen; aber die Gersauer, welche den Thätern bald auf die Spur kamen, säumten nicht, den Strohmann in die Standesfarben der Luzerner, blau und weiß, zu kleiden. Das ergab denn eine regelrechte diplomatische Fehde, die dadurch beendigt wurde, daß die Gersauer der Figur die Kleidung abnehmen, die Luzerner den Strohmann vom Galgen herunterlangen mußten.

Die Reibungen der Gersauer und Luzerner datiren von früher Zeit her. Den Letzteren erschien Gersau wie ein übermüthiger Staat im kleinsten Taschenformat und der Luzerner Diebold Schilling spöttelt in seiner Chronik über die Gersauer „so sich selber für die freiesten Eidgenossen ausgeben, keinem Ort zu versprechen stehn (d. i. unter keiner Schirmgewalt stehen), auch eigen Stock und Galgen haben und sind doch über zwanzig Häuser und Feuerstätte nicht".

Gersau hielt treu zur Eidgenossenschaft, half zum Siege über die Züricher in der Schlacht bei Cappel 1531, schickte eine Compagnie von 75 Mann zu Schiff nach Luzern, als dieses 1653 im Bauernkriege bedroht war, nahm Theil an den spätern Religionskriegen, waffnete sich am Ende des vorigen Jahrhunderts gegen die Franzosen mit aller kriegsfähigen Mannschaft von 16—60 Jahren und verlor mit

den Brüdern die Freiheit, bis es sich 1814 wieder als Frei=
staat constituiren konnte. Da hatte es aber noch einmal
einen, wenn auch nicht blutigen Kampf um seine Selbstherr=
lichkeit mit dem nächsten Nachbarn, Schwyz, zu bestehen
und wurde trotz der zähen Abwehr im Jahr 1818 als Be=
zirk dem Canton Schwyz einverleibt, mit der Ehre freilich,
unter den sieben Bezirken des Cantons den Rang nach dem
alten Lande Schwyz einzunehmen. Das Gefühl aber, im
Rückblick auf seine jahrhundertlange Selbstständigkeit, durch
seine natürliche Lage eine besondere Existenz zu haben, hat
die Gersauer nicht verlassen.

In einer ausgezeichneten Monographie ist kürzlich die
Geschichte des merkwürdigen Freistaats bearbeitet worden
vom Regierungsrath Damian Camenzind „Geschichte der
Republik Gersau, nach den Quellen der Archive". (Band
19 des Geschichtsfreundes, Einsiedeln 1863; auch besonders
abgedruckt.)

Um Land und Leute noch näher kennen zu lernen, be=
gab ich mich im letzten Sommer nach Gersau und es wurde
mir dort bald so heimelig, daß ich mich rasch losreißen mußte,
um nicht die mir durch weitere Reisezwecke zugemessene Zeit
zu sehr zu überschreiten. Der gemüthliche Charakter der
„Pension Müller", der anregende Verkehr mit dem genannten
Historiker, der genußreiche Wechsel von Bewegung und Ruhe
in schönster Sommerzeit fesselten mich von Tag zu Tag. Ger=
sau ist die Uferstation für den ungemein beliebten Kurort
Rigi=Scheideck und die dort landenden Dampfer bringen
ein reges Leben. Wollte ich Ruhe, so begab ich mich auf=

wärts, rechts von der Kirche, zu einer beschatteten Bank, um
über den blanken See bis zum Pilatus hin das Auge streifen
zu lassen und wenn es dunkelte und das letzte Geläute der
volltönigen Kirchenglocke dem Tage einen Scheidegruß nach=
sandte und die Menschen zur Nachtruhe weihte, dann setzte
ich mich an's Ufer, um die bald nur als schwarze Formen lang=
sam treibenden Fischerboote zu schauen oder dem muntern
Jodler zu lauschen, der unbekümmert um die ihm grollenden
Fischer im raschen Schiffli den See kreuzte. Aus dem bewaldeten Abhange des jenseitigen Ufers blickten hie und da
goldene Augen und weiter rechts verrieth ein hellerer Licht=
schein das langgestreckte Beckenried. An einem Abend spielte
über dem Spießberge, an dessen Fuße Beckenried liegt, und
nach Luzern hin ein Gewitter, während über dem Gersauer
Stock und Rigi-Scheideck die Sterne glänzten, der See wurde
unruhig und die Brandung versetzte mich an den fernen
heimatlichen Ostseestrand.

Das ganze Gebiet des Fleckens Gersau mit der dazu
gehörigen Landschaft umfaßt nur eine Viertelmeile; die Be=
wohnerzahl beträgt nach der neuesten Zählung 1725, die der
Wohnungen 231. Manche dieser Wohnungen liegen ver=
steckt an den Höhen der waldbekränzten Gebirgsstöcke, der
Hochflub und des Gersauerstocks, welche den Flecken ein=
schließen. Obgleich Gersau von Lavinen nicht eben bedroht
wird, führt doch eine von der höchsten Höhe des Gersauerstocks bis an den See reichende Rinne den Namen „Todten=
lauizug". Damit hat es folgende Bewandniß. Hoch zu
oben liegen noch einige Heimwesen, deren Communication

mit dem Flecken schon für Fußgänger sehr schwierig ist und wenn dort ein Todesfall eintritt, so wird der „Todtenbaum" (eine gewöhnliche Bezeichnung für Sarg in der Schweiz) auf neben einander befestigte Tannenstämme gelegt und in der langen Rinne bis an den See herabgesenkt, wo ein Nauen (großes Flachboot) den Todtenbaum und die Leidtragenden aufnimmt, um sie bis an den Kirchhof zu fahren. Kinder= leichen werden auf dem Rücken herabgetragen.

Außer der schönen Pfarrkirche im Flecken hat Gersau eine merkwürdige Kapelle, eine Viertelstunde von der Kirche entfernt, auf einer kleinen Erhöhung unmittelbar am See. Bei stürmischer Nachtzeit brennt in der Kapelle eine Lampe, deren Licht weithin gesehen werden kann und den Schiffern, die einen Hafen nicht erreicht haben, die Richtung angiebt, welche sie einhalten müssen. Die Schiffer bekreuzen sich, denn der Ort, von wo der Lichtschein kommt, hat eine schauerliche Geschichte, die jeder kennt, die aber in solchen Augen= blicken lebhafter vergegenwärtigt wird.

Aus Urkunden weiß man, daß Anton Murrer und dessen Sohn Hans im Jahr 1570 das „Käppeli zum Kindli" bauten und daß, als eine Vergrößerung nöthig geworden war, der constanzer Suffragan Geist am 14. October 1721 die Kapelle samt dem Hochaltare zu Ehren von Maria Hilf einweihte. Jetzt wird die Kapelle allgemein mit „Kindlimord" bezeichnet und dadurch die Geschichte ange= deutet, welche auf einem unzweifelbar historischen Factum ruhend zu einer mit mancherlei späteren Zusätzen verzierten

Sage sich gestaltet hat. In der Kapelle findet sich ein Bild der verbrecherischen That mit der Unterschrift:

„In dieser einsamen Gegend hat nach uralter Sage ein Spilmann seine kleine unschuldige Tochter aus teuflischer Bosheit gemordet. Von der Treib her fuhr er mit dem Kind über den See; es bat ihn um Brod. Er landet an, nimmt es bei den Füßen und schlägt es so lang um die Felsen bis sein zartes Haupt zerschmettert ist. Gottes Rache führte den Mörder auf die Henkerbühne. Zum ewigen Andenken ward zuerst eine kleine, später diese größere Kapelle zur Ehre Mariens gebaut. 1814".

Nahe vor dem Hügel, auf welchem die Kapelle steht, nach Gersau zu, liegt ein großer Felsblock, an welchem die Unthat geschehen sein soll. Ein großes Kreuz steht davor. Nach der Sage verlor der Mörder seinen blutigen Schuh, als er in's Gebirge flüchtete. Davon soll eine kleine Berggegend mit mehreren malerisch gelegenen Häusern auf dem Wege von Gersau nach Fiznau den Namen „zum rothen Schuh" führen. Weiter erzählt die Sage, daß, als der Verbrecher in fernen Landen Kriegsdienst genommen, einst beim Wachtfeuer das Thema behandelt sei, daß doch die Sonne alles an den Tag bringe; da habe jener geprahlt, er habe doch etwas gethan, das niemand wisse und dadurch sei er verdächtig geworden und endlich für seine Unthat zur Rechenschaft gezogen. Eine andere sehr künstliche Zuthat zur Sage ist die Unterredung zwischen dem Spielmanne und seinem Kinde auf der Ueberfahrt. Der rohe Mann fragte das Kind: Was

ist süßer als Honig? Das Kind antwortete: Mutterbrust.
Was ist härter als Stein? Vaterherz. Ueber diese Antwort
erzürnt habe der unnatürliche Vater das Kind ergriffen und
ihm den Schädel am Felsen zerschmettert.

Die Kapelle zum Kindlimord ist mit hohen Föhren umgeben, auch steht daneben ein großer Nußbaum. Unter
diesem Baume ist die einige Fuß hohe steinerne Banß für
eine Kanzel gemauert und terrassenförmig liegen umher
Steine zum Sitzen für ein andächtiges Publikum. Vier-
mal nämlich im Jahre wird hier Gottesdienst im Freien gehalten. Es war mir vergönnt, einer solchen Feier am Tage
von Mariä Himmelfahrt beizuwohnen. Der Pfarrer von
Gersau bestieg gleich nach Mittag mit der Jugend seiner Gemeinde einen sehr großen Nauen um zum Kindlimord zu
fahren, viele Böte von Gersau und der Nachbarschaft
ruderten demselben Ziele zu. Fußgänger in großer Zahl bewegten sich an dem bewaldeten Abhange von Gersau her und
von den Höhen herab. Es war dies bei dem herrlichsten
Wetter ein malerischer Zug und die Predigt des würdigen
Pfarrers über die vollkommene und die unvollkommene Ruhe
sehr passend zu der Landschaft. Durch die Bäume hindurch
blickte man auf den spiegelglatten, jetzt in vollkommener son-
niger Ruhe zwischen den grünen Ufern hingestreckten See,
doch wie ganz anders, wenn

"der Sturm ist Meister, Wind und Welle spielen
Ball mit dem Menschen, denn wenn der Sturm
In dieser Wasserkluft sich erst verfangen,
Dann rast er um sich mit des Raubthiers Angst,

Das an des Gitters Eisenstäbe schlägt!
Die Pforte sucht er heulend sich vergebens:
Denn ringsum schränken ihn die Felsen ein,
Die himmelhoch den engen Paß vermauern".

In Gerichtsacten oder sonstigen Urkunden ist über jenen Mord des Kindes durch den Vater nichts verzeichnet, vielleicht ist man aber berechtigt anzunehmen, daß die in dem Nebel uralter Sage sich verlierende That dem sechszehnten Jahrhundert angehöre, da die erste kleine Kapelle unzweifelhaft zur Sühne im Jahre 1570 erbaut wurde. Ueber einen andern interessanten Criminalfall aus demselben Jahrhundert existirt dagegen eine Urkunde, welche das gerichtliche Verfahren jener Zeit veranschaulicht.

Ulrich Küchler wurde von Johann Camenzind mit einem „Bymässer" erstochen. Die Verwandschaft des Getödteten ruft das Landgericht an. Da die Obrigkeit wegen der beidseitigen Verwandtschaft es nicht wagte, einzig über die Sache abzusprechen, so baten die Landleute die vier Waldstätte, Rathsboten zu diesem Landgericht zu senden. Sie schickten 7 Boten. Vor diesen und dem Ammann, dem Richter eines ganzen Landgerichts, erschienen, als er an offener freier Reichsstraße zu Gersau zu Gericht gesessen und nach löblicher Gewohnheit und altem Herkommen ein offenes freies Landgericht gehalten, des Getödteten Mutter, zwei Schwestern und die Verwandschaft und ließen durch einen mit Recht erlaubten Fürsprech klagen, wie Johann Camenzind ihren Sohn, Bruder und Freund wider alles Recht bei Nacht und Nebel mit einem Beimesser, welches doch ein un=

ziemliches und einem Biedermann unangemessenes Gewehr
sei, vom Leben zum Tode gebracht, wiewohl er ein anderes
Gewehr bei sich gehabt, daher sie das Recht anrufen. Der
Fürsprech der Verwandschaft des Angeklagten stellt den Fall
als Nothwehr dar. Nach nochmaligem Vortrage der beiden
Parteien wurde erkannt, daß die Zeugen abgehört werden
sollten. Sodann wurde nach gehaltener Umfrage beschlossen,
daß man drei Straßen durch den Gerichtsring mache und
den Angeklagten drei Mal rufe. Da der Gerufene nicht erschien, wurde der Gerichtsring wieder geschlossen und zu
Recht erkannt, daß das Landgericht verbannt und versichert
werden solle, daß die Richter, welche das Urtheil fällen
würden, von niemandem deshalb befehdet und gehaßt und
das Gericht geschirmt werden solle. Auf des Richters Umfrage fällten die Rechtsboten und das Landgericht folgendes
Urtheil: da Johann Camenzind auf die drei Rufe nicht erschienen, wiewohl ihm doch das Landgericht zu Haus und
Heim verkündet worden, so soll er sich wegen dem Tod-
schlag, den er an Ulrich Küchler begangen, nie mehr verant-
worten können, des Todschlags wegen soll er stets erblos
(— vielmehr „elos" —) und rechtlos sein in Marchen und
Zielen der Landschaft Gersau und als ein Todschläger ver-
rufen werden; der Verwandtschaft des Getödteten, die ihn
mit Recht zu rächen hat, soll erlaubt sein, gegen den Leib
des Johann Camenzind, wo sie ihn in der Landschaft Gersau
betreten, nach Gefallen zu handeln; das sämtliche Gut desselben, nach Abzug der Gerichtskosten, verfällt der Obrigkeit,
außerdem soll nach dem Gutdünken derer von Gersau zu

Troß und Hilf des Umgebrachten etwas nachgethan (Seelen-
meſſen gehalten) werden; niemand ſoll den Thäter hauſen
oder ſpeiſen unter Strafe der Mitſchuld.

Die Oeffentlichkeit des Gerichtsverfahrens iſt hier mit
der allgemeinen Formel „an offener freier Reichsſtraße" aus-
gedrückt, obgleich durch das Gebiet von Gerſau in Wirklichkeit eine Reichsſtraße nicht ging. Die Verſtärkung des Landgerichts durch 7 Boten der Waldſtätte geſchah aus Vorſicht,
wahrſcheinlich weil der Getödtete in den Waldſtätten Ver-
wandtſchaft hatte, deren Blutrache und Fehde dadurch zurück-
gedrängt werden ſollte; daß die Gerſauer als Eidgenoſſen
allgemein gehalten geweſen ſeien, zu ihrem Landgericht Rechtsboten aus den Waldſtätten zuzuziehen, iſt durchaus nicht
anzunehmen. Der Angeklagte wurde in allgemein üblicher
Weiſe, nachdem ihm zuvor das Landgericht zu Haus und
Heim verkündet worden, gerufen. Eigentlich ſollte der
Ruf an drei auf einander folgenden Landtagen geſchehen,
aber allgemein kam man im ſpätern Mittelalter zu der Ab-
kürzung des dreimaligen Rufes an einem Landtage. Die
alte Geſtalt der Gerichtsſitzung war rund und ringförmig
und auch wo man davon abwich, erhielt ſich die Bezeichnung
Ring und Ding oder, wie in der obigen Relation, Gerichtsring. Auch wenn man wußte, wo ſich der flüchtige Tod-
ſchläger aufhielt, wurde der Ring an drei Orten aufgethan
und ihm die Möglichkeit gegeben auf den drei Wegen ins Gericht zu kommen. Daß der Ruf nicht nach den vier Weltgegenden geſchah, erklärt ſich daraus, daß durch ein Aufthun
des Ringes nach allen vier Seiten hin der Ring gänzlich auf-

gelöft worden wäre. Da der in rechter Weife Gerufene nicht erschien, so wurde der Ring wieder geschlossen und das Gericht feierlich durch den Richter, dessen nothwendiges Attribut der Gewalt das Schwert war, gebannt. Die Parteiverhandlung drehte sich im obigen Falle um die Frage, ob es eine ehrliche oder unehrliche Tödtung gewesen. Das Leytere behauptete die anklagende Freundschaft des Getödteten und berief sich auf das Tödtungsinstrument, das keine ehrliche Waffe sei, zumal da Johann Camenzind ein anderes Gewehr (einen Degen) getragen habe. Als der Angeklagte nicht erschien, mußte die Verrufung (Acht) desselben erfolgen, durch welche hindurch wir den Hintergrund der Blutrache sehen: der Familie des Getödteten, die ihn zu rächen (wie zu erben) hatten, wurde, wie sonst die Formel lautet, des Todschlägers "Leib ertheilt". Er wurde auch allgemein friedlos gelegt, so daß niemand ihm ein Obdach geben (hausen und hofen), niemand ihm Speise und Trank geben sollte.

Als eine erst in neuester Zeit verschwundene Eigenthümlichkeit Gersau's hatte ich oft nennen gehört die Bettler- oder Gaunerkirchweih und ich benußte meinen dortigen Aufenthalt darüber Genaueres zu erfahren. Was zuerst den Namen betrifft, so hat man in Gersau nie Gaunerkilbi gesagt, sondern der offizielle Name ist Feckerkilbi d. i. Kirchweih der Vagabunden oder fahrenden Leute. Ueber dieses seltsame Fest gab mir mein freundlicher Berichterstatter folgende Auskunft.

Die Feckerkilbi wurde an der gewöhnlichen Kirchweih,

seit 1722 am erſten Sonntag nach der Auffahrt Chriſti ab=
gehalten. Von nah und fern fanden ſich Vagabunden aller
Art mit Weib und Kind, 100 bis 200 an der Zahl, in Ger=
ſau ein. Gewöhnlich langten ſie ſchon an Freitag oder
Samſtag an, nahmen in den Ställen der umliegenden
Bauernhöfe ihr Nachtquartier oder campirten im Freien.
Ein reges munteres Leben entfaltete ſich ſofort. In male=
riſchen Gruppen lagerten ſich Jung und Alt, Männer und
Weiber bunt gemiſcht auf dem grünen Teppich der Wieſen
unter ſchattigen Bäumen oder auf weichem Meoſe unter Ge=
ſträuch. Da wurde gekocht, gewaſchen, geflickt, geſcherzt,
gelacht und allerlei Muthwill getrieben, zum großen Ergötzen
der ſchauluſtigen Jugend Gerſau's.

Am Kirchweihſonntag, nach dem vormittägigen feier=
lichen Gottesdienſte zog ſodann die ganze Feckerſchaar, die
Weiber mit kleinen Kindern auf dem Rücken, möglichſt arm=
ſelig gekleidet, unter der Aufſicht eines vom Rathe hiezu be=
ſtellten Bettelvogts von Haus zu Haus im Dorfe herum,
Almoſen zu ſammeln, welche ihnen von den Häuſern zuge=
worfen wurden. Nach dieſem Umzuge entfaltete ſich ein
anderes Bild. Die Fecker kehrten in ihr Hauptquartier zu=
rück, wechſelten die Kleider, um möglichſt aufgeputzt zu er=
ſcheinen und nun begannen auch für ſie die allgemeinen Kilbe=
freuden. Jung und Alt lagerte ſich im Kreiſe, es wird ge=
ſotten, gebraten und „geküechelt", die braune Zigeuneralte
mit dem orientaliſchen Kopfputz fungirt als Oberköchin. Zum
Zeichen des Ueberfluſſes werden die Zweige von den Ge=
ſträuchen in die „Knöchli-Pfanne" heruntergebogen, um

die daran hängenden Blätter als neugebackene „Knöchli" zu-
rückschnellen und als nagelneue Früchte von der neugierigen
Jugend pflücken zu laffen. Die seltsame Sitte scheint bei
den Vaganten allgemein gewesen zu sein, denn von der
„Bettlerküche" an der Grenze von Bern und Solothurn,
zwischen Farnern und Rumisberg, wird dasselbe erzählt.
Diese Bettlerküche ist ein Platz mit einigen Holunder-
sträuchen, von einem großen Felsen bedacht und wurde bis
zur Neuzeit zum Rendez-vous der fahrenden Leute fleißig
benutzt.

Am Montag ist Jahrmarkt. Da kommen auch die
Fecker, um ihre Einkäufe zu machen und sie sind nicht die
schlechtesten Käufer. Alsdann geht es zum Tanze, gewöhn-
lich in einer großen Scheuer. Im hochzeitlichen Kleide, mit
Sträuschen geschmückt, ziehen die kräftigen, fröhlichen
Burschen mit den feurigen, braunen Mädels und die jungen
Paare, welche kürzlich in eine „Civilehe mit natürlicher
Hinneigung" getreten sind, zum Feste. Freudig schmunzelt der
Wirth bei der Ankunft dieser Gäste, die heute Geld in Hülle
und Fülle haben und bereit sind, auch den letzten Heller in Saus
und Braus zu verzehren. Ein von ihnen erwählter Alt-
vater hält die Ordnung aufrecht und höchst selten giebt es
Streitigkeit.

Am Dinstag mußten die Fecker das Land wieder verlaffen, sonst wurden sie polizeilich fortgeführt. Aber solche
Eventualität warteten diese Weltbürger nicht ab.

Den Ursprung der Feckerkilbi kennt niemand, sie war
eben eine althergebrachte Sitte, um welche sich die Obrigkeit

nicht weiter kümmerte, als daß sie unter besonderen Verhältnissen besondere Verfügungen traf, die als Ausnahmen angesehen werden müssen. Daher kommt es denn auch, daß sich über diese eigenthümliche Sitte, an die man sich in Gersau ganz gewöhnt hatte, wenig aufgezeichnet findet. Einige polizeiliche Anordnungen, die in den älteren Protokollen erhalten sind, verdienen kaum eine Erwähnung und scheinen eine sehr geringe nachhaltige Wirkung gehabt zu haben. In den 1830er Jahren, als man in der Schweiz anfing das Polizeiwesen strenger zu handhaben und namentlich die Heimatlosen mehr ins Auge faßte, wurde gegen die Feckerkilbi eingeschritten, indeß erschienen bis in die 40er Jahre noch einzelne Paare solcher Landfahrer, um an der allgemeinen Kirchweih Theil zu nehmen und des entrückten goldenen Zeitalters zu gedenken.

Es liegt sehr nahe, das Institut der Feckerkilbi mit dem Asylrecht in Verbindung zu bringen. In einem Wirthshause zu Gersau war früher eine besondere Freibank; wer dahin flüchtete, genoß zeitweilig Schutz vor seinen Feinden wie vor der Obrigkeit und wie die Fecker drei Tage in Gersau verweilen durften, so ist in den Berichten über die zahllosen kirchlichen und ähnlichen Freistätten des Mittelalters häufig eine dreitägige Frist genannt. Allein die Begründung der Feckerkilbi aus dem Asylrecht läßt sich doch nicht durchführen. Auf die drei Tage kann nicht viel Gewicht gelegt werden und solcher Freibänke gab es überhaupt viele, auch in nächster Nähe, wie auf der Treib und in Brunnen beim Adler. Es wird erzählt, daß

Joh. Georg Ortolf, Conventual in Engelberg, von 1594
—1596 und wiederum von 1617—1626 Pfarrer auf
Morschach an der Frohnalp, der wegen Entführung einer
Nonne aus dem Frauenkloster in Engelberg der Justiz in
die Hände gefallen war, in Brunnen seiner polizeilichen
Begleitung entrann, sich beim Adler an die Freibank
flüchtete und dadurch rettete. Die Feckerkilbi war vielmehr
ein stillschweigend gemachtes Compromiß zwischen Gersau
und der Masse der Vagabunden, welche die Schweiz durch-
schwärmten und hier leicht Schlupfwinkel finden konnten.
Gersau war kein polizeistarker Staat und in seiner abge-
schiedenen Lage konnten ihm jene Kinder der Nacht sehr gefährlich werden. Dadurch mag dieses Zugeständniß der
dreitägigen Kilbi entstanden sein und die Fecker waren nicht
undankbar und zeigten sich des geschenkten Vertrauens nicht
unwürdig. Wiewohl allerlei Gesindel und Verbrecher unter
ihnen waren, blieb das Eigenthum der Bürger zur Zeit der
Kilbi ungefährdet und während der übrigen Zeit des Jahres
mieden sie Gersau. Sehr deutlich zeigten die Fecker, daß
ihnen diese Festtage der Kirchweih Ehrentage waren und
mit einer gewissen Ostentation bemühten sie sich dann als
wahre Gentlemen zu erscheinen.

In früherer Zeit hatten die Nachbarn Gersau's, besonders die Luzerner, die üble Gewohnheit, Gersau als das
schweizerische Schilda oder Schöppenstedt anzusehen und
noch jetzt hört man von „Gersauer-Stückli" sprechen, wie in
Baiern die nachbarliche Freundschaft sich mit „Weilheimer
Stückl" belustigt. Schon der Chronist Diebold Schilling

gebraucht diesen Namen und will damit die Gersauer als
Böoter, aber mit einer guten Portion Bauernschlauheit
versehen, charakterisiren. Besonders bekannt ist folgendes
Gersauer-Stückli. Die Gersauer wollten einmal einen
Dieb hängen und da der Weg zum Galgen an dem Berg-
abhange sehr beschwerlich ist oder vielmehr kein Landweg
dahin existirt, wollte man nach früherer Gewohnheit die
Gelegenheit des Wassers benutzen und ein großer Nauen
war zugerüstet, um Menschen und Apparat bis an den Fuß
des Galgens zu fahren. Als nun auch die Hauptperson,
der arme Sünder, einsteigen sollte, erklärte er, eine unüberwindliche Abneigung gegen das Wasser zu haben, ja geradezu
wasserscheu zu sein, man möge ihn doch den Landweg gehen
lassen, der zwar schwierig sei, aber der Weg zum Himmel
sei es ja auch. Die gutmüthigen Gersauer wollten den
armen Menschen nicht einen doppelten Tod erleiden lassen,
daher beschloß man, für das übrige Personal sich zwar des
Nauens zu bedienen, den Delinquenten aber den Landweg
gehen zu lassen, jedoch ihm eine Glocke umzuhängen, damit man vom Schiffe aus hören könne, ob er sich auch auf
dem rechten Wege zu seinem Ziele befinde. Deutlich hörte
man nun fortwährend die Glocke, als aber der Nauen bei
dem Galgen ankam, sah man einen großen schwarzen
Ziegenbock mit der Glocke behangen herankommen. Das
konnte nur Teufelswerk sein und der Ziegenbock wurde
am Galgen aufgeknüpft. Die spöttischen Nachbarn
meinten aber, der Delinquent habe in dem Gebüsch des
Bergabhanges einen wirklichen Ziegenbock angetroffen,

diesem die Glocke umgehängt und sei selbst bergauf geeilt.

Die Gersauer wissen übrigens recht gut darauf zu antworten, wenn ihnen ihre „Stückli" vorgehalten werden. Vor mehreren Jahren saß der Landammann B., ein un= gemein großer starker Mann, in einem Wirthshause in Luzern gemüthlich beim Schoppen und ließ sich auch in seiner Ruhe nicht stören, als ein übermüthiger Luzerner anfing Gersauer=Stückli auszukramen. Nachdem der Vor= rath ausgegangen war, fragte B., ob er nicht mehr Stückli wisse. Als der Erzähler erklärte, er sei damit zu Ende, sagte B.: „Aber ich weiß noch eins", stand auf, und versetzte dem Luzerner eine kolossale Ohrfeige, daß dieser unter den Tisch rollte.

Auf dem Wege von Gersau nach Rigi=Scheideck kommt man in eine Gegend, die das obere Gschwänd heißt. Es ist dort eine Kapelle und die Matten umher tragen die sonderbaren Namen Grüselboden, Burggeist und Hasen= bühl. In der Alphütte des obern Gschwänds sommerte gegen das Ende des sechszehnten Jahrhunderts der reiche, aber hartherzige Senn Klaus, der die Heirat seiner einzigen Tochter mit dem hübschen, aber armen Florentin durchaus nicht zugeben wollte. Da wurden ihm in der Nacht vor dem Jacobstage 60 Stück Vieh getödtet und ein Jahr da= rauf in derselben Nacht 24 Stück. Um die Hütte hatte man Männer wandeln sehen, die hinauf bis in die Wolken reichten,' mit feuerrollenden Augen, die so groß waren wie

ein centnerschwerer Käse. Sie hinterließen einen solchen
Schwefeldampf, daß Klaus davon erlahmte. Da entdeckte
Florentin an der Stelle, wo er oft von dem Mädchen heim-
lichen Abschied hatte nehmen müssen, auf dem Schneeälpeli,
eine Mineralquelle, trug den jammernden Klaus hinauf
und als der Alte in kurzer Zeit genesen war, gab dieser
sein Kind dem Retter zur Frau. Die jungen glücklichen
Leute bauten nun droben ein Haus, das sie zur Erinnerung
an ihre früher hoffnungslose Liebe „Scheideck" nannten.

Mit dieser Sage wird die Aelplerkilbi der Gersauer
in Verbindung gebracht. Als sich die Sennen in eine
Bruderschaft zusammengethan hatten, erbauten sie im
Gschwänd zwei Kapellen und in und bei der obersten
Kapelle auf dem Käppeliberge feiern sie alljährlich am St.
Jacobstage ihr Bruderschaftsfest mit Gottesdienst, ländlichen Spielen, Schwingen, Steinstoßen und Tanz. Zug-
führer sind die Wildlüti, zwei große Männer in Tannen-
rinde gekleidet, mit grotesken Bartmasken, junge Tannen
mitsamt den Wurzeln auf den Achseln tragend und dabei
allerlei Sprünge machend. Diese Wildleute bedeuten nach
der Meinung des sagenkundigen Rochholz*) die riesen-
mäßigen Ureinwohner der Hochalpen, welche von der
Alpenwirthschaft lebten, aber von den Sennen, wie die
Rothhäute Amerika's von den Pionieren, aus ihrem ursprünglichen Besitzstande vertrieben wurden. Aus Rache dafür
erregen sie die gräulichen Hochgewitter, in denen sie Verderben bringend aus ihren Bergklüften herabkommen, wie

*) Naturmythen (1862) S. 15.

es auch der Klaus erfuhr. Um sich gegen die verheerende
Gewalt dieser Berggeister zu schützen, hätten dann die
Sennen oben in den Alpen, oft hart am Rande von Firn
und Gletscher, zahlreiche Bergkapellen gebaut; zum Andenken aber an ihre so gebändigten Widersacher lassen sie
die Wildlüti an der Aelperkilbi auftreten und Possenspiel
treiben. Andere Alterthumsforscher sehen in den Wildlüti
die alten Bergmännchen, welche in Volkssagen als Freunde
der Sennen in den guten alten Zeiten mit ihnen im trau-
lichen Verkehr lebten.

<hr>

IV.

Der Seelisberg und das Isenthal.

Wem in knapp zugemessener Reisezeit es nur vergönnt ist, nach der Besteigung des Rigi eine Fahrt den
Vierwaldstättersee entlang zu machen, die zackigen Mythen
zu schauen, den Uri-Rothstock und den Bristenstock anzu-
staunen, sich den Anblick der Tellsplatte am Fuße des
großen Axen zur einen, des Rütli zur andern Seite nicht
entgehen zu lassen, der wird mit Wehmuth scheiden von der
Wiege der freien Schweiz und wenn er daheim nun Schillers
Tell wieder in die Hand nimmt, so wird sein Entzücken
wechseln mit der Verwunderung, wie der Dichter ohne
eigene Anschauung so treu das Oertliche und den Charakter
dieser Gebirgswelt habe schildern können und daß ihm nur
der kleine Fehler vorgeworfen werden kann, Surénnen statt

Surenen gesagt zu haben. Wen die Zeit nicht drängt und wer nach Eisenbahnhaft und Rigigetümmel einige Tage ausruhen möchte im stillen Frieden und von hoher Warte die ganze herrliche Gegend überschauen, der gebe auf den See-lisberg, eine Stätte am buchtigen See, die zwar von näher Wohnenden seit lange gesucht wurde, um sich an dem Lebensbalsam der reinen Bergluft zu kräftigen, von Tau-senden der Vorüberfahrenden aber nicht beachtet ist.

So durfte man noch vor einigen Jahren sagen, aber jetzt ist es anders. Für den Wirth des dortigen Kurhauses ist zwar das goldene Zeitalter erschienen, für diejenigen, welche den Seelisberg in früherer Zeit lieb gewonnen haben, das eiserne. Der Seelisberg als Curort hat drei Epochen. Zuerst die Zeit wo das alte echtschweizerische wettergebräunte, an die bewaldete Bergwand geklebte Haus, „das comfortable Felsennest ob dem Urnersee", das jetzt durch den Neubau in den Schatten gesetzt ist, nur eine kleine Zahl von Gästen beherbergen konnte, aber diese durch einen unsichtbaren Spiritus familiaris gar bald in eine Familiengemeinschaft brachte. Wenn die Excursionen des Tages beendet waren und ein frugales schmackhaftes Nachtessen eingenommen war, erfreute noch Papa Aschwanden, der alte Wirth, in dem niedrigen braungetäfelten Speisezimmer seine Gäste durch Erzählungen, besonders vom kirchenhistorischen Ge-biete. Die Anziehungskraft des Seelisbergs machte aber einen Neubau nothwendig und dieser mußte 1861 ver-größert werden. Die Stammgäste hatten sich zwar auf dem Sonnenberge alter Verfassung behaglicher gefühlt, es fiel ihnen aber nicht ein, von ihrer Stammgaſt-Treue zu weichen und ihr Einfluß machte ſich auch in der vergrößerten Geſellſchaft noch geltend. Davon kann jetzt nicht mehr die Rede ſein, denn es hat eine Völkerwanderung nach dem Seelisberge begonnen und der dortige Verkehr giebt dem Rigigetümmel wenig nach. Man hört dort viele Zungen reden und mannigfache Reiſemoden machen ſich geltend. Wer nicht Monate vorher ſich dort Quartier beſtellt hat, kann von Glück ſagen, wenn er in der Saiſon einen Platz erhält, daher an den Bau eines zweiten großen Hôtels gedacht wird. Der freundliche Wirth thut ſein Mögliches das große Reich zu beherrſchen, aber man befindet ſich in einem unruhigen Gaſthausleben auf der Reiſe, dem man früher gerade entfloh, wenn man auf den Seelisberg zog.

Ich will aber Niemandem den Beſuch des Seelisbergs verleiden und auch mir den Genuß nicht verſagen, zu ſchildern, was ich dort fand.

Der Seelisberg, an der Grenze Unterwaldens, gehört ſchon zum Canton Uri wie die T r e i b, der Landungsplatz Brunnen gegenüber, der nicht ſelten bei ſtürmiſchem See zu einem Nothhafen wird für den Uri-Nauen, das von Flüelen nach Luzern fahrende Marktſchiff und für Böte, die in Ge= fahr gerathen ſind. Wenn Reiſende an der Treib aus= ſteigen wollen, halten die Dampfſchiffe in der Nähe an und ein Boot von der Treib nimmt die Reiſenden auf. Das Wetter begünſtigte mich nicht, als ich zum erſten Mal dort

landete. aber ich war in guter Gesellschaft und während
der Regen an die Fenster peitschte, fühlten wir uns bald
recht behaglich in dem kleinen reinlichen Wirthshause. Die
mit dem Eingeregnetsein entstandene Stimmung ist anfangs
immer getheilt zwischen der Befriedigung, die das Obdach
gewährt und der unliebsamen Versestung; wer aber den
Willen hat seinen Reisehumor nicht zu verlieren, dem beginnt die Schattenseite des Daseins zu schwinden, wenn er
nach und nach durch seltsame Costüme gegen das Unwetter
sich sichernde fahrende Leute dieselbe Schicksalsbühne betreten sieht und die nach den Individualitäten so verschiedenen Expectorationen hört, mit denen sie ihrem Aerger
Luft machen oder als praktische Weltweise sich zeigen. Es
ist nicht immer ein schlechter Trost Leidensgefährten zu
haben. Die Mitleidenschaft auf der Reise bringt die oft
aus verschiedenen Weltgegenden zusammengeworfenen Menschen sehr bald in einen vertraulichen Verkehr, dessen man
sich später noch gern erinnert; der Regen knüpft den Bund,
der Sonnenschein löst ihn auf.

Während der Regen-Quarantäne auf der Treib brachte
ich das Gespräch auf den Heldenkampf der Unterwaldner
gegen die Franzosen im Jahre 1798, da ich mich erinnerte,
diese Schifflände in der Geschichte jener Zeit erwähnt gefunden zu haben. Oberhalb des Wirthshauses, in welchem
wir saßen, hinter welchem sich sogleich der Berg erhebt,
standen in dem Jahre nach jenem Kampfe Batterieen der
Franzosen, während die Oesterreicher Brunnen und die
Umgegend inne hatten. Ohne sich viel zu schaden, hatten

die Feinde sich bisweilen feurige Grüße zugesendet, wobei
es den Bewohnern der Treib recht ungemüthlich gewesen
sein mag, aber die österreichische Artillerie war so human,
die kleine Taverne zu verschonen. In dem Schicksalsjahre
Unterwaldens hatte die Treib einen Wirth gehabt, der
unter dem Namen „Fürsprech Huser" noch im Munde des
Volks bekannt ist und als intimer Freund des Kapuziners
Paul Styger, des rastlosen Leiters der Bewegung, damals
eine nicht unwichtige Rolle spielte. Huser befehligte als
Hauptmann eine Compagnie Freiwilliger vom Seelisberg,
die den Unterwaldnern zu Hülfe zog, mußte dann, als die
Franzosen mit Mord und Brand Unterwalden pacificirten
und auch die Treib und den Seelisberg besetzten, flüchten
und begab sich zu den Oesterreichern, als diese am andern
Ufer des Sees Posto gefaßt hatten. Durch seine Orts-
kenntniß suchte er den Oesterreichern zu nützen und setzte
wieder sein Leben aufs Spiel, indem er in einer Nacht von
Sisikon, dem kleinen Dorfe zwischen der Frohnalp und
dem Axenberge, auf einem Flosse der 'einfachsten Construc-
tion, das aus zwei Balken bestand, auf welchen er einen
Laden befestigt hatte, mit zwei Holzschaufeln, die er als
Ruder gebrauchte, zum Rütli hinüberfuhr, um die Stellung
der Franzosen am Seelisberge auszukundschaften. Sein
weiteres Leben war auch voll Unruhe, denn in einer Zeit,
in welcher nach kühner Lautverschiebung die französisch ge-
sinnten Schweizer den Namen Patrioten führten, konnte
ein Patriot wie Huser nicht gedeihen. Eine Zeitlang war
er wieder Wirth in dem Gasthause bei der Pfarrkirche auf

dem Seelisberg, dann zog er nach Bürglen, wo er 1837 sein bewegtes Leben endigte.

Alles hat seine Zeit, auch ein Landregen am Vier-waldstättersee. Spät am Nachmittage klärte sich das Wetter etwas auf; die freundliche Wirtbin der Treib hatte noch die Vorsicht, uns mit einem „Dach", wie man dort einen Regenschirm von beträchtlicher Dimension nennt, zu ver-sehen und wir pilgerten bergan auf dem nun zwar schlüpfrigen, aber durchaus nicht beschwerlichen Wege, auf dem man leicht in einer Stunde an das Ziel gelangt. Ein wohlbeleibter Alt-Rathsherr von Luzern, alljährlicher Stamm-Berggast, der keine Neigung hatte sich zum Märtyrer zu machen, ließ sich auf einem Tragsessel hinaufcolportiren und wir benei-deten ihn nicht um diese Bequemlichkeit, denn es war uns eine Wohlthat, nach mehrstündiger Clausur die Beine zu strecken. Schon dunkelte es, bevor wir oben angekommen waren, die Schatten der untern Welt rückten uns näher und näher, aber auf ihnen getragen zitterten Feierklänge durch die Luft, die sich mit dem Rauschen des Waldes zu einer ernsten Harmonie verbanden: dem Sonnenuntergange, auch wenn man die Himmelskönigin nicht in goldner Glorie scheiden sieht, ist ein tägliches Requiem gewidmet in den zahlreichen Gotteshäusern rings umher; es läuteten die Glocken von den Kirchen und den nahen und fernen Wald-kapellen unter und neben uns und bald auch über uns von der Pfarrkirche und der Kapelle auf dem Seelisberg.

Da wo jetzt die Pfarrkirche auf einer Bergterrasse steht, umgeben von einigen Häusern, war früher nur eine

Kapelle, die als Filiale zur Pfarrkirche von St. Martin in
Altorf gehörte. Jetzt hat der Seelisberg außer der Kirche
noch die schöner gelegene, von drei majestätischen Linden
beschattete Kapelle Mariä-Sonnenberg, etwa zehn Minuten
von der Kirche entfernt. Ein solches Gotteshäuschen,
1300 Fuß über dem Spiegel des Vierwaldstättersees,
repräsentirt schon in seiner Lage das Ueberirdische und kein
Wanderer, wes Glaubens er sei, wird gefühllos vorüber-
ziehen. Die katholische Kirche hat es so wohl verstanden,
den Menschen die Allgegenwart Gottes zum Bewußtsein
zum bringen, da Kirchlein zu bauen und stets geöffnet zu
halten, wo Waldeinsamkeit den Menschen sinnig macht oder
eine großartige Natur mit heiligem Schauer erfaßt. Die
rasch zunehmende Dunkelheit hinderte uns, das große Landschaftsbild jetzt zu überschauen, aber die Zeit, wo sich Tag
und Nacht scheiden, ist ganz geeignet an einem solchen Orte
in eine ahnungsvolle Feierstimmung zu versenken und obgleich ich am folgenden Tage und oft noch von dort den
Blick konnte schweifen lassen über die an Wechsel so reiche
Gegend, danke ich dem magischen verschleiernden Halbdunkel
jenes Abends eine Andacht, die allein mir den Seelisberg
unvergeßlich machen würde.

Die Tagfahrt war zu Ende, das Kurhaus „Sonnenberg", nur wenige Schritte von der Kapelle entfernt, war
erreicht.

Da der größte Theil der zahlreichen Kurgäste im
großen Speisesaal versammelt war, begab ich mich alsbald
dahin, um zu recognosciren und es bedurfte nur weniger

Minuten, um zu erkennen, daß Basel hier besonders stark
vertreten war, denn von allen Seiten hörte ich aus dem
Munde der Damen das wohlbekannte: Jo! und ich fand
auch Herren aus Basel, die ich vor einigen Jahren in Engelberg angetroffen hatte. Die Basler sind Pioniere; wenn
ein Kurort von Gästen aus anderen Weltgegenden über-
fluthet wird, so suchen sie sich im nächsten Jahre eine andere
Stätte und die Wahl des Sonnenbergs zeigt, daß sie mit
Geschmack zu wählen wissen.

Wer auf der Reise zur Nachtzeit an einen Ort gekommen ist, den eine schöne Aussicht in Ruf gebracht hat, der
wird schwerlich am andern Morgen lange der Ruhe pflegen,
wenn er auch nicht gerade genöthigt ist einen Sonnenaufgang
mitzumachen, was ich immer für einen theuer erkauften
Genuß halte. In Seelisberg ließ mir die Sonne den
Vorgang, denn als ich am Morgen von dem Balken herab-
schaute, war der ganze Urnersee noch mit Nebel belagert
und an den Bergen hüben und drüben hingen Wolken,
aber nicht von der schweren schwarzgrauen bedrohlichen
Gattung, sondern als leichtere Ueberhänge, die zum Ab-
ziehen bereit sind, sobald ein Morgenwind sie erfaßt. Als
sich die träge Nebelmasse auf dem See in Bewegung gesetzt
hatte, wurden zuerst nur noch einzelne Punkte am Ufer für
Augenblicke sichtbar, dann trat Brunnen hervor, während
die Frohnalp dem Seelisberge gerade gegenüber noch mit
einem großen weißgrauen Schleier verhängt war. Hier begann nun ein Kampf, dessen raschen Wechsel ich in dieser
Art noch nicht gesehen hatte. Plötzlich stand der kolossale

Regel vor unseren Augen, aber nach einigen Minuten stellte sich der Schleier wieder ein, zwar weißlicher geworden, aber doch noch dicht genug, um das Jenseits zu verdecken. Diese Metamorphose wiederholte sich in kurzen Zeiträumen mehrere Male, bis nicht nur die Frohnalp und das daran geheftete Dörfchen Morschach, sondern die Tellskapelle und bald auch Flüelen am Ende des Urnersees in voller dauernder Klarheit dastand, und selbst von dieser Höhe herab, von der die zeitweilig vorüberfahrenden Dampfschiffe sehr klein erscheinen, erkennt man die grüne Farbe des Wassers.

Es gibt manche Kurorte in der Schweiz, ausgezeichnet durch ihre Luft und denen, die gezwungen sind Pindars Worte „das Wasser ist das Beste" für eine Zeit zu ihrer Devise zu machen, durch das Wasser heilbringend, aber es fehlt ihnen oft eine schattige Umgebung oder höchstens ist durch Kunst ein Plätzchen in der Nähe gewonnen, zu dem man in den heißen Tagesstunden sich flüchten kann. Das Kurhaus zum „Sonnenberg" hat nicht bloß Sonne zum Erwärmen, sondern Waldesschatten zur Kühlung in nächster Nähe und nach allen Seiten hin schöne Zielpunkte für kleine Wanderungen. In einer halben Stunde erreicht man am Waldesrande das „Känzli", einen Felsenvorsprung, der steil abfällt zum See und eine schöne Ueberschau der ganzen Gegend von Luzern bis Schwyz gewährt. In anderer Richtung liegt nicht eine halbe Stunde vom Kurhause ab der liebliche grüne kleine See, von welchem der Seelisberg seinen Namen hat, am Fuße des Niederbauen oder Seelisberger-Kulms. Zur Rechten des Seeli führt der Weg

auf das unterwaldensche Dorf Emmeten, zur Linken nach
Bauen. Der See soll unendlich tief sein, wie man auch
abnehmen kann aus der Höhe der Bergpyramide, die aus
ihm aufsteigt. Natürlich fehlt es dem See nicht an der
Sage von einem ungeheuern Fisch, der in der Tiefe haus't,
denn wie das Weltmeer seine Seeschlange hat, so birgt ein
einsamer Bergsee in seiner geheimnißvollen Tiefe ein Ungeheuer, das die anderen Fische verzehrt. Der Beweis
dafür liegt in der geringen Zahl der Fische in diesen Seen,
aber nur Hellsehende, Frohnfastenkinder, erblicken das Ungethüm bisweilen an der Oberfläche des Wassers. Die
alte Krebserin, welche früher das Kurhaus auf dem Sonnenberge mit Krebsen versorgte, hatte den großen Fisch im
Seeli häufig gesehen. Ein Bauerknabe, der aus einem
der wenigen Häuser, die auf den grünen Matten umher
liegen, zu mir herankam als ich an dem romantischen Ge-
lände saß, hatte ihn noch nicht geschaut, gab mir aber die
sonderbare historische Notiz, daß der Seelisberg früher den
Namen Frohberg geführt habe, bevor das Seeli da gewesen sei.

Von der Garten-Terrasse des Kurhauses blick' man
gerade auf das Rütli herab, welches Schiller beschreibt

„— — — Links am See, wenn man
Nach Brunnen fährt, dem Mytenstein grad' über
Liegt eine Matte heimlich im Gehölz,
Das Rütli heißt sie bei dem Volk der Hirten,
Weil dort die Waldung ausgereutet ward."

Statt dieser Form des Namens, dessen sich unser Dichter bedient, ist in der Schweiz „Grütli" gebräuchlich, aber von sprachlicher Seite verdient wohl „Rütli" den Vor- zug, denn „G'rüt" ist ein Complex und dazu paßt die Diminutivendung nicht. Sehr klein erscheint auch vom Seelisberge diese Bundeswiese, auf der die große That des schweizerischen Freiheitskampfes begonnen haben soll.

Jetzt hat die Kirche auf dem Seelisberge oder wie der Ort, an dem sie steht, genauer heißt, dem „Zingel", einen Pfarrer und einen Pfarrhelfer dazu und bisweilen kommt auch ein Kapuziner von Altorf, um dort zu predigen. Ein solcher schloß einst seine Predigt mit der ergreifenden Apostrophe an die Gemeinde: „Lieben Brüder und Schwestern in Christo! Ich kann nicht schließen, ohne Euer Mitgefühl in Anspruch zu nehmen für einen Bruder meines Klosters, der in den letzten Zügen liegt, für den Bruder Ankenhafen." (d. i. Butterfaß) „Muß ha! Muß ha!" riefen die gerührten Frauen und es wurde dem guten Pater so viel Butter zugetragen, daß er einen Knecht dingen mußte, um den Vorrath nach Altorf zu bringen. Vielleicht ist es die gesunde Alpenluft und der Segen seines geistlichen Be- rufes, die den würdigen Pfarrer des Seelisberges in einem beneidenswerthen körperlichen Wohlsein erscheinen lassen' zu vermuthen ist aber auch, daß die Gemeinde ihren Seel- sorger nicht darben läßt und daß sein Einkommen ein besseres ist als das des Kaplans vor 400 Jahren, da Seelisberg

statt der Kirche nur noch eine Kapelle hatte. Wir besitzen
über den letztern Punkt urkundliche Nachricht, die ein
eigenthümliches Licht wirft auf die Verhältnisse eines Pfarrers zu seiner kleinen Gemeinde in jener Zeit. Als es den
Seelisbergern gelungen war, einen eigenen ständigen Geistlichen zu haben, wurden die beidseitigen Rechte und
Pflichten verzeichnet. Die „Ordnung und Abredung der
Kirchgenossen auf Seelisberg gegen ihren Priester", vornemlich gemacht, wie der Eingang sagt „daß er wisse, was
er ihnen pflichtig sei" enthält unter Anderem folgende Bestimmungen: „Wo er an den Tagen, da er sollte Messe
haben, ohne Urlaub wegginge, und nicht Messe hielte, so
wollen sie ihm am Wochenlohn zween Plappart abschlagen".
— „Was in der Messe auf den Altar kommt, das soll
einem Priester gehören, was aber nach der Messe auf den
Altar kommt, das soll dem Heiligen gehören und was an
Eiern am stillen Freitag zu dem Kreuze kommt, die sollen
auch halb einem Sigrist gehören". — „Kein Priester soll
Holz hauen als das ihm gezeigt wird; wo er aber haute
das ihm nicht gezeigt wäre, da soll er um jeden Stock fünf
Schillinge geben". — „Und was ein Priester an den Glas-
fenstern bricht, das soll er in seinen Kosten wieder
machen". — Den Beschluß macht ein Satz in eigenthüm-
licher Form: „Item ouch sollend die kilchgenossen dem
priester geliger gäben, will er dan ein Junckfrowen han,
die sol er sälber legen" d. h. die Kirchgenossen sollen dem
Priester Bettlager geben, will er aber eine Jungfrau (Haus-
hälterin) haben, für deren Bett soll er selber sorgen.

7

Die Kapelle Maria-Sonnenberg, damit sie ein Wallfahrtsort werde, erhielt ihre Legende, die aber nichts von
der poetischen Färbung hat, durch welche sich so manche
Legende auszeichnet. Ein armer Knabe hütete — vor etwa
300 Jahren — in dieser damals waldbichten Gegend seine
Ziegen. Während nun diese ihre Nahrung suchten, suchte
der Knabe auch Nahrung, jedoch nicht für den Körper,
sondern für seine Seele, durch inbrünstiges Gebet zur
Gottesmutter Maria, zu der er ein ganz besonderes und
wahrhaft kindliches Zutrauen hatte. Diese Ergebenheit
sollte ihm nicht unbelohnt bleiben, denn als er eines Tages
wieder betete, erblickte er in einiger Entfernung etwas
Glänzendes und als er hinzuging fand er ein aus Holz ge-
schnitztes Bild der hl. Jungfrau, von welchem dieser Glanz
ausging. Vor Freude außer sich lief er eiligst nach Hause
und erzählte seinen Eltern, was er gesehen. Als diese sich
an den bezeichneten Ort begeben hatten, fanden sie zu ihrem
Erstaunen die volle Wirklichkeit der Erzählung des Knaben.
Es wurde nun sogleich dem Ortspfarrer Anzeige davon gemacht, der dann dafür sorgte, daß an dem Orte, wo das
Bild gefunden worden, eine Nische gemauert und das Bild
hineingestellt wurde. Es ist hier aller poetische Duft
möglichst abgewischt, durch welchen sich sonst die sehr ver-
breiteten Legenden vom Finden des Muttergottesbildes durch
Hirten auszeichnen. Es gehört dazu eine wunderschöne
Musik, ein Gesang der Engel, in Spanien wie anderswo.
Von der Gründung eines Kirchleins im Jonenthal (Aargau)
erzählt Rochholz: „Vor Jahrhunderten hütete ein Knabe

die Ziegen. Beim Heimtreiben fehlte ihm eine; nach langem Suchen sah er sie endlich drunten im unwegsamen Tobel am Bache weiden. Er war schnell durchs Dickicht hinab-geklettert und meinte, jener Stelle nahe zu sein, da fesselte ihn auf einmal eine wunderliebliche Musik. Die herrlichsten Lieder klangen ihm entgegen, bald schwollen sie zu vielen klaren Stimmen an, bald kamen sie leise wie aus dem höchsten Himmel her. Der Knabe vergaß seiner Ziegen ganz, horchte wie gebannt nur auf jene Musik, setzte sich auf einen Stein nieder und entschlief darüber. Im Traume fand er sich in einem wohlgeschmückten Kirchlein, worin der Priester am Altare stand und den Gläubigen die Messe las; strahlend aber war in der Mitte das anmuthigste Bildniß der Jungfrau erhöht, umgeben von Heiligen. Es bedünkte den Hirtenknaben, als wende sie sich zu ihm und wolle mit ihm sprechen. Da zerann das Gebild und er erwachte. Um ihn sangen die Vögel, er rieb sich die Augen, er schaut sich nach seiner Heerde um, und Wunder, hier vor ihm im Grase liegt ein Marienbild, so schön, wie er es eben im Traume erblickt hat. Während dem hatten seine Thiere ihren Weg schon heimgefunden, er ging ihnen nach, keines fehlt ihm, und erzählte den übrigen Hirten von seinem wundersamen Fund. Man begann nun droben auf der Berghöhe den Bau eines Kirchleins, aber eines Morgens war das aufgeführte Gemäuer wie weggeschwunden und tief hinunter in das Tobel gebracht, wo der Knabe das Bild gefunden hatte". An die Stelle der Nische auf dem Seelisberge kam bald eine Kapelle von Holz und später

7*

eine größere gemauerte und da mittlerweile der Wald um=
her gelichtet worden war, erhielt die „Kapelle im Wald"
den Namen „Maria-Sonnenberg". Die Inschrift über der
Pforte lautet:

„Ich werd' genannt der Sonnenberg,
Ein reicher Thron der Gnaden,
Dem armen Sünder ein Herberg,
Die Schlang' hie kann nichts schaden".

Auffallende Gebetserhörungen vor dem Muttergottes=
bilde brachten die Kapelle in Ruf und besonders zu dem
alljährlichen Feste der Einweihung, das auf den ersten
Sonntag nach Mariä Himmelfahrt mit 40 Tagen Ablaß
angesetzt ist, pilgern viele Leute dahin.

Da ich mich in der Umgegend befand, versäumte ich
es im letzten Sommer nicht an diesem hohen Festtage des
Seelisberges den mir einst lieb gewordenen Ort noch ein=
mal zu besuchen. Es war kaum eine Anstrengung auf
dem guten Wege in der Morgenfrische eines herrlichen
Tages von der Treib aus den Berg zu ersteigen, um so
weniger da wir oft eine Rast machten um die schöne Gegend
vollauf zu genießen. Der Gottesdienst hatte schon be=
gonnen als wir zur Kapelle herankamen und wurde großen=
theils im Freien abgehalten, da das kleine Kirchlein die
große andächtige Menge nicht fassen konnte. Eine Kanzel
war daher unter dem „Vorzeichen" (Porticus) errichtet
und weithin hallte die Stimme des Predigers. Das Pu=
blikum war verschieden gruppirt. Die männlichen Ge=

meindegenoffen des Seelisberges hatte ihren Stand zu=
nächst dem Vorzeichen genommen, die größere Menge war
auf dem Rasen gelagert und ein Theil der Frauen saß
unter den Bäumen umher. Den schönsten Platz auf der
Bank unter einer der großen Linden hatten drei Mädchen
inne, die wie ausgewählt waren das schöne Geschlecht des
Seelisberges zu repräsentiren. Wie die jungen Unter=
walderinnen zeichnen sich auch ihre Nachbarinnen vom
Seelisberge durch einen feinen Teint aus und die malerische
reiche Nationaltracht ist von der Unterwaldens wenig ver=
schieden. Warum sollten auch die drei Mädchen zu dieser
„Hochzeit" nicht ihren besten Putz mit Sorgfalt angethan
haben, denn

> „wenn sich die Rose selber schmückt,
> schmückt sie auch den Garten".

Als eine kleine Cantate von einigen klangvollen
Frauenstimmen mit Begleitung des Harmoniums im Innern
der Kapelle gesungen die Feier geschlossen hatte, setzten sich
die Gruppen des Publikums nach verschiedenen Seiten hin
in Bewegung und wir traten in das Kurhaus ein, wo uns
bald ein ganz anderes Leben umfing. Die aus weit über
hundert Personen bestehende Gesellschaft an der Mittags=
tafel war europäisch; als Nachbarin hatte ich eine
Französin aus dem Elsaß, als Nachbarn einen Engländer,
der sich bemühte französisch zu sprechen, und verschiedene
deutsche Mundarten kreuzten sich mit dem hie und da schwach
hervortretenden Schwyzer=Dütsch. Obgleich mir dieses
Europa auf dem Seelisberge nicht sehr zusagte, wäre ich

doch gern eine Nacht dort geblieben, aber es war keine Lagerstätte frei und so mußte ich denn am Nachmittage weiter wandern. Ich faßte Bauen, ein Dörfchen am Fuße des Urwängi und am großen See gelegen ins Auge, weil mein Reise=Compaß auf Uri und nicht auf Unterwalden hinwies, und der einsame Weg dahin war äußerst lohnend. Da mich die Zeit nicht drängte, verweilte ich noch bei dem nicht weit vom Kurhause gelegenen s. g. Tanzplatze, einer besonderen Stiftung für die Jugend. Im Jahr 1704 schenkte Nicolaus Trutmann den Kirchgenossen ein Stück Land „zu einem Muster= und Kurzweil=Platz, jedoch mit dem Geding, daß darauf weder Gärten gemacht noch gebaut noch Bäume gesetzt werden sollten, sondern daß es zu allen Zeiten eine Allmend und ein offener Platz sein und ver= bleiben solle, darauf die Kirchgenossen wohl erlaubte und gebührende Kurzweil und Recreation haben und üben mögen.“ Jung und Alt vergnügte sich nun an Festtagen auf diesem Rasenplatze, ländliche Kraftspiele und Tanz wechselten mit einander ab; als aber die Jugend, die immer begehrende, dort ein Tanzhaus haben wollte, da machten die Söhne des Stifters auf Grund der bei der Vergabung gestellten Bedingung Einsprache und das Gericht in Uri verbot den beabsichtigten Bau. So ist denn bis auf den heutigen Tag der Platz im Sinne des Gebers er= halten und benutzt; an freien Tagen üben sich dort die Knaben im Armbrustschießen und die Alten schauen den jungen Tellen zu; das Tanzen im Freien scheint hier aber abgekommen zu sein. Einige der größeren Knaben zeigten schon eine große Fertigkeit im Schießen und es herrschte dabei die größte Ordnung.

Aehnliche Stiftungen für die Jugend finden sich auch anderswo in der Schweiz. In dem nahen Dorfe Emmeten wird ein nicht unbedeutendes Stück Land der Spielhof ge= nannt. Es ist dieß, wie Businger in seiner Beschreibung Unterwaldens meldet, das Vermächtniß einer alten lahmen Jungfrau an die Jugend, weil ihr die Kinder vor dem Hause durch ihre Spiele das einzige Vergnügen machten, das sie in ihrem elenden Zustande noch genießen konnte. Deswegen schenkte sie diesen Platz den Kindern für ewige Zeiten, um sich darauf belustigen zu können und damit der Platz fein sauber bleibe, so darf das Gras darauf nie mit Kühen, sondern nur mit Schafen abgeweidet werden.

Bald lag wieder das liebliche Seeli zur Rechten unter mir, wie ein meergrüner Edelstein vom hellen Wiesengrün eingefaßt; kein Lüftchen bewegte sich in der Gewitterschwüle, die wohl bedrohlich war und mich hätte vorwärts treiben sollen, aber ich eilte dennoch nicht, denn ich freute mich nach dem Getümmel des Kurhauses wieder allein zu sein mit der schönen Natur und obgleich ich kein Misanthrop bin, war es mir lieb bis zum Schlößchen Beroldingen auch nicht einer Menschenseele zu begegnen. Beroldingen — oder Berlingen, wie dort die Landleute sagen — ist das Stammhaus eines berühmten Geschlechtes, das längst in andere Länder gezogen ist.

„Zwar die Ritter sind verschwunden,
Nimmer tönet Speer und Schild:

Doch dem Wanderer erscheinen
In den altbemoosten Steinen
Noch Gestalten zart und mild".

Aber so war es nicht; die Phantasie hatte mir diesen
Vers des schönen Studentenliedes vorgespiegelt. Nicht
Gestalten zart und mild, sondern Bauern in Hemdsärmeln
schauten aus den Fenstern der verbauerten ehemaligen
Ritterwohnung, an welcher nur das Thürmchen auf die
alte Zeit zurückweist.

Kreuz und quer schlängelte sich der steinige Weg
nach unten dem See zu, meistens beschattet und in der
Nähe von Bauen entfaltete sich eine Ueppigkeit kräftiger
Nuß= und Kastanienbäume. „Allda ist auch ein ordent=
liches Wirthshaus", schreibt Lusser in seiner trefflichen
Beschreibung Uri's. Das war ja mein Trost für die
Nacht, auf den ich zugesteuert war, und ich fand auch den
Wein, um meinen Durst zu löschen, dort sehr gut, als ich
aber nach dem Nachtquartier fragte, sagte mir die Wirthin,
daß sie darauf nicht eingerichtet sei. In dieser Verlegen=
heit riethen mir einige junge Leute, die bei der Feier auf
dem Seelisberge gewesen waren, mit ihnen nach Isleten,
einer Halbinsel gegen das Ende des Sees, überzufahren,
dort würde ich wohl zu Nacht bleiben können. Die Ge=
sellschaft gefiel mir und die Bootfahrt war sehr unterhaltend,
aber in Isleten erhob sich wieder dieselbe Schwierigkeit
für die Nacht, so daß ich, obgleich es schon zu dunkeln an=
fing und das Gewölk am Himmel sich mehrte, noch ins
Isenthal zu pilgern mich entschloß. denn als anderer Aus=

weg blieb mir nur, mich mit einem Boote nach Flüelen übersetzen zu lassen und das erschien mir denn doch, da die Gewitter hier oft plötzlich zum Durchbruch kommen, etwas gewagt. Ich war grade in der Stimmung, daß mich die Schwierigkeit, ein Nachtlager zu finden, welche mich so hartnäckig verfolgte, zum Kampfe mit meinem Schicksal reizte und unter guter Führung begann ich wieder bergan zu steigen. Bald kam ich auf dem leiblichen steinigen Wege ins Waldesdunkel, das dann und wann durch zuckende Blitze erhellt wurde, so daß ich momentan die Ahnung von einer sehr schönen Berggegend bekam. Rasch ging es vorwärts, da sich nun auch der Regen einstellte und ich war froh nach einem Gange von anderthalb Stunden die dunkle Form einer Kirche und den Lichtschein aus einigen Menschenwohnungen zu erblicken. Ich war in dem Dorfe Isenthal und mein Lagersuchen hatte ein Ende.

Das Isenthal, dessen Name gewiß nicht auf die Isis zurückweist, wie vermuthet worden ist, sondern so heißt, weil man dort einst Eisen gegraben hat, ist sehr einsam und sehr ernst. Von den 232 Bewohnern männ= lichen Geschlechts, welche die Bevölkerungs=Statistik der Schweiz dem Thale zuschreibt, befanden sich die meisten auf den höheren Alpen und von Fremden sah ich während meines zweitägigen dortigen Aufenthalts nur zwei junge Männer vom basler Alpenklub, die den Blackenstock (9083′) erstiegen hatten. Bergriesen, bewaldet und kahl, schließen das enge von einem kräftigen Bergstrom durchzogene Thal ein und die Sonne kann auch im hohen Sommer nicht lange zur Herrschaft kommen. Mir mußte das einsame Thal um so ernster erscheinen, da sich am Nachmittage ein furchtbares Gewitter entwickelte, so daß vom Kirchthurme Wetter geläutet wurde. Während die Blitze, wie feurige Gedanken des Donnergottes, in Secunden die Atmosphäre durchschnitten, verfing sich der Donner in den Bergschluchten und der schmetternde Schlag hatte seine bis zum dumpfen Gemurmel sich abschwächenden Echos. Gegen Abend löste sich die Wuth des Gewitters in einen langen Regenguß auf und nun begann der Wasserfall, der vorher durch die Regelmäßigkeit, mit welcher er sein Kristalwasser aus der Baumgruppe herabströmen ließ, das Auge entzückt hatte, zu toben; die Wassermasse war schnell vervierfacht und nahm zuerst eine gelbe, dann eine braune Farbe an. Als die Nacht das Thal eingehüllt hatte, hörte man fort= während sein Tosen und den an die Fenster plätschern= den Regen.

Vom Isenthal aus wird jetzt der Uri-Rothstock recht häufig bestiegen. Ihm gegenüber und mit ihm zusammen= hängend erhebt sich der von grauen Felswänden starrende und mit Schneefeldern belagerte Blackenstock oder wie die Isenthaler ihn nach seinen Felsköpfen nennen, die Thier= gartenstöcke. Das ganze Firnplateau des Rothstocks, Blackenstocks und anderer mit ihnen zu einer Einheit ver= bundener Schneeberge heißt im Isenthal Blümlisalp, denn auch hier, wie am Glärnisch und bei den Clariden geht die Sage von der Vergletscherung der obersten Region, die einst grasreiche Alpen gehabt haben soll, eine Sage, die sich auch in anderen Gebirgsländern, wie in Baiern am Königssee bei der „übergoffenen Alp" findet.

Ich habe nie so kaltes Waffer getrunken wie im Isenthal und halte die Erzählung für sehr glaublich, daß das auf den schattenarmen Weiden am Fuße des Blackenstocks erhitzte und vom Durst gequälte junge Rindvieh, wenn es eine Quelle gefunden hat, um sich zu laben, bisweilen todt hinstürzt. In der Hirtensprache hieß es dann früher, das Greiß, ein Ungeheuer, habe die Rinder getroffen oder gemordet. Von diesem Greiß erzählte man, nachdem es durch seine Mordgier die große Alp ganz unnutzbar gemacht, habe ein Eremit den Thalbewohnern den Rath gegeben, sieben Jahre lang einen Stier durch Milch aufzuziehen und dann durch eine reine Jungfrau auf die verödeten Weiden führen zu laffen, um den Kampf mit dem Ungeheuer zu bestehen; das Greiß sei auch in einem heftigen Kampfe von dem Stier besiegt, aber doch nicht getödtet worden. An dem Stierenbach, der Quelle der Aa, welche das Engelberger Thal durchströmt, wird noch ein Fußtritt des gewaltigen Stieres im Felsen gezeigt.

Aus dem Isenthal nach Seedorf geleitete mich ein origineller kleiner Führer, ein achtjähriger Knabe mit einem Vollmondsgesicht und großen blauen Augen. Für die Reise war er mit einer großen braunen Zipfelmütze ausgestattet, während sonst sein blondes Haupt diesen Luxus nicht kannte; auch hatte ihn die sorgliche Mutter sogar mit einer Jacke versehen. An den mit etwas Leinwand umwickelten Füßen trug er die bei den Hirten gewöhnlichen

schweren Holzschuhe oder vielmehr Sandalen aus Ahorn-
holz, welche mit Lederriemen befestigt werden; in der
Rechten hatte er einen großen Stock. Als ich ihm meine
Reisetasche umgehängt hatte, wie er es durchaus wünschte,
klapperte er auf dem steinigen Wege munter vor mir her,
machte sich auch als Kenner der Berge, wie es einem
Führer ziemt, bisweilen geltend. So lange wir uns noch
im Hochthal bewegten, fand ich den Weg besser als ich
nach dem Gewitter erwartet hatte, als wir aber in fortwährend Querzügen immer bergab dem See zuwan-
derten, war die Passage oft gehemmt, denn der Ge-
witterregen hatte beträchtliche Schutthalden über den
schmalen Weg geschüttet. Ohne große Beschwerde ge-
langten wir jedoch bis an die Sägemühle vor Seedorf und
da ich nicht zweifelte, daß sich bei meinem kleinen Burschen
ein großer Appetit eingestellt habe, sagte ich ihm, daß wir
im Wirthshause in Seedorf uns stärken wollten, ich für
die Weiterreise nach Altorf, er für die Rückreise in sein
Thal. Er ging auch noch einige Schritte vorwärts, dann
wandte er sich zu mir um und sagte mit weinerlicher
Stimme, auf die Sägemühle hinweisend: „Da wohnt
aber meiner Muetter Schwester". „Ja mein Kleiner, erwiederte ich, wenn da deiner Muetter Schwester wohnt, so
mußt du ja bleiben". Als ich ihm nun einen Franken gab,
sah er ihn verwundert an, denn er hatte wohl noch nie
einen Franken verdient, küßte nach dortiger Sitte seine
Hand und reichte sie mir zum Abschiede und als er einige
Schritte auf die Sägemühle zugesprungen war, warf er

mir noch eine Kußhand zu. Gott behüte dich, du lieber
kleiner Isenthaler!

V.

Uri.

Wer in Uri einfährt, überzeugt sich sogleich, daß er
in das Land der Ordnung gekommen ist, denn „alles starke
Trotten, Galoppiren und Rennen mit Kutschen und andern
Fuhrwerken jeder Art durch die Flecken und Dörfer" ist
bei Buße verboten, so gut wie in einer deutschen Residenz=
stadt. Für die Ordnung spricht auch, daß das Land so
reichlich mit Obrigkeit und Beamten aller Art versehen ist,
denn außer den in der Landsgemeinde Gewählten vom
Landammann bis zu den Landesläufern gibt es unzählige
Beamte, besonders in der Verwaltungssphäre. So führt
eine Verordnung von 1845 als Kassaverwaltungen auf:
„Die Seckelamts=, Obere= und Untere=Straßenbautilgungs=,
Geheimraths=, Finanz=, Salz=, Post=, Centralarmenpfleg=,
Schulkommission=, Fideikommiß=, Militär=, Diözesan=,
Wehre= und Allmendraths=Kassaverwaltung". Dieß hat
denn ein starkes Titelwesen im Gefolge, worin überhaupt
die schweizerischen Freistaaten ganz harmoniren mit der
großen Republik im fernen Westen, nur daß in Amerika
die zwar auch in der Schweiz beliebten militärischen Titel
noch überwiegen, so daß man für den gegenwärtigen Krieg

der feindlichen Brüder mit Offizieren aller Art, Tausenden
von Captains und Dutzenden von Generälen, quantitativ
sogleich reichlich versehen war. In Uri berührt es an-
genehm, daß nicht wie in anderen Theilen der Schweiz
jeder Vorsteher einer Behörde Präsident genannt wird,
sondern daß man die alten deutschen Bezeichnungen bei-
behält. Mir klingt Landammann, Schultheß (Luzern)
und Bürgermeister besser als Präsident, der sowol der
höchste Beamte des Cantons als der Dorfschulze sein
kann, so daß man erst fragen muß, auf welchem Stuhl
der Mann denn präsidire. Eine Besonderheit Uri's,
ohne Zweifel von Italien herübergekommen, ist es, daß
die Aerzte mit einem Titel beehrt werden, der auf dem
Beamten-Parnaß in monarchischen Staaten bis an die
Wolken ragt. Als ich dort bei einem Arzte zum Besuch
war, trat ein Bauer herein und begann seine Kranken-
geschichte mit: „Herr Excellenz! i ha eisder (d. i. immer)
große Schmerze im Buch sit einiga Täge. Es kummt mer
vor, wie wenn Brand in mir brennte. Gämer doch
eppis dafür". Den dortigen Aerzten ist übrigens eine
solche Auszeichnung wohl zu gönnen, denn ihre Praxis,
wenn sie in rauher Jahreszeit in entfernte Thäler und
in eine hohe einsame Menschenwohnung gerufen werden,
wo ein Todkranker ihre Hülfe begehrt, ist äußerst beschwerlich. Wegen der schwierigen Communication mit
Altorf hatte eine entfernte Dorfgemeinde die zweckmäßige
Einrichtung getroffen, daß der regelmäßige Bote für den
Wochenmarkt in Altorf einem dortigen Arzte alle leib-

lichen Gebrechen in der Gemeinde mündlich melden und die entsprechenden Medicamente in seiner Tasche heimtragen und an die betreffenden Personen vertheilen mußte.

Aber zurück zum Thema. Wollte man aus der großen Zahl der Beamten auf Bureaukratie und Sesselregiment schließen, so würde man sehr irren. Dagegen schützt schon einigermaßen der echtrepublicanische Satz der Verfassung, daß „keine Staatsanstellung oder Beamtung auf Lebenszeit Jemandem übertragen werden darf". Die Aemter geben zwar Ehre und Titel, sind aber in den meisten Fällen Lasten und Leistungen, der sich jeder nach dem Grundsatze unterziehen muß, daß er, wie jeder Bürger zur Vertheidigung des Vaterlandes und zum Militärdienste verpflichtet ist, so auch überhaupt seine Kräfte dem Gemeinwesen da zu widmen hat, wo er dessen Wohl zu fördern im Stande ist oder dieses von ihm vermuthet werden darf. Gegenüber der Aemterjagd in anderen Staaten nimmt es sich daher eigen aus, daß Uri ein Gesetz über den Amtszwang hat (1851). Nach diesem Gesetze ist jeder Wahlfähige pflichtig jede Beamtung, welche durch unmittelbare Volkswahl oder vom Landrathe oder den Bezirksräthen ihm übertragen wird, anzunehmen; erst das zurückgelegte 65. Jahr macht von diesem Zwange frei. In der gleichen Beamtung kann keiner zu mehr als zwei Amtsdauern unmittelbar nach einander angehalten werden, doch muß ein Bürger unter 50 Jahren nach einer Entlassungsfrist von einer Amtsdauer auch zum dritten Mal das Amt übernehmen. Wer sich einem Amte, das er zu übernehmen verpflichtet ist, beharrlich entzieht, macht sich

der Amtsverweigerung schuldig, und hat für die ganze Zeit
der betreffenden Amtsdauer entweder den Canton zu ver=
laſſen oder dafür eine Summe von 200 bis 1000 Franken
zu bezahlen, welche der Landrath nach Maßgabe der
Wichtigkeit des Amtes und der Vermögensverhältniſſe des
Weigernden beſtimmt. Beharrliche Verweigerung der An=
nahme einer Gemeindebeamtung zieht die Verlaſſung der
Gemeinde und Gleichſtellung des Weigernden mit den
Hinterſaßen in Nußnießung des Gemeingutes auf die be=
treffende Amtsdauer nach ſich. Die Amtsdauern ſind
verſchieden: für den Regierungsrath 4 Jahre, für andere
Aemter 2 und ein Jahr.

Wie wenig lucrativ die Aemter in Uri ſind, können
wir daraus entnehmen, daß der Princeps der Beamten,
der regierende Landammann, einen jährlichen Gehalt von
400 Franken bezieht. Aehnliches findet ſich in anderen
Cantonen und noch vor wenigen Decennien war in Zug
der regierende Landammann zugleich Stadtuhrenaufzieher,
um ihm ein Emolument von 60 Gulden zu ſeiner Beſol=
dung zuzuwenden, denn natürlich beſorgte er das unter=
geordnete Geſchäft nicht ſelbſt. Viele Beamten beziehen
gar keinen feſten Gehalt, ſondern erhalten höchſtens mäßige
Taggelder. Als daher ein Bürger von Buochs ſechs Jahre
als unbeſoldeter Rathsherr von Nidwalden fungirt hatte,
verbat er ſich an der letzten Landsgemeinde die Wiederwahl
folgendermaßen: „Liebe Landsleute! Wenn einer ſechs
Jahre Rathsherr und dabei kein Verſchwender geweſen iſt
und alles ordentlich zuſammengehalten hat, ſo hat er

hoffentlich so viel erübrigt, daß er fortan ohne dieses
Amt leben kann, und so verzichte ich auf diese Stelle".

Dieser kargen Besoldung der Beamten gegenüber nimmt
es sich eigenthümlich aus, daß als im schweizerischen Nationalrath, im Juli 1863, die Nachtragscredite behandelt
wurden, die Commission bei dem Posten von 182,000
Franken für die Postverwaltung die Bemerkung machen
mußte, es komme ihr auffallend vor, daß die Postverwaltung im Jahr für 16000 Franken Siegellack verbrauche.

Ungeachtet der geringen Amtsbesoldungen in Uri
giebt es dort denn doch ein Crimen ambitus oder straf-
bare Bestechung bei der Bewerbung um Aemter. Man
hat dabei jetzt wohl hauptsächlich grade an einige niedere
Aemter, der Weibel u. s. w. zu denken, wenn auch nicht allein.
Das Landbuch Art. 26 bestimmt: „Keiner soll in unserm
Land um Aemter oder Botheyen (Gesandschaften) prak-
tizieren, und wer hierum selbst oder durch andere prak-
tizierte, Mieth oder Gaben geben, verdeuten oder versprechen würde, sei es vor oder nach vergebenem Amt,
der soll um Gl. 100 bestraft und des Amtes entsetzt werden,
und so einer hierin gar zu weit gienge, mag ein Lands-
rath ihn nach Umständen noch ferner bestrafen". Diese
Bestimmung ist wieder eingeschärft durch eine Verordnung
vom Jahre 1846, mit einer Erläuterung, die uns eine
sonderbare, nur aus den einfachen Verhältnissen der
Bevölkerung erklärliche Form des „Praktizierens" zeigt.
Es heißt, das bisher übliche Tabacaustheilen (Rauch-
tabac und Schnupftabac) sei hinfüro nur dem Be-

8

werber um ein lediggefallenes Amt selbst und höchstens
noch einem aus seiner nächsten Verwandschaft gestattet;
als Mißbräuche seien verboten: das Anstellen mehrerer
Personen, die, sei es herumgehend oder in bestimmten
Häusern, für den Bewerber Taback austheilen; die Bildung
von Gesellschaften zu gemeinschaftlicher Bewerbung um ein
Amt; Versprechungen von Gaben auf Schießständen, Trink=
gelagen, oder freie Zechen in Wirthshäusern vor oder nach
Vergebung des Amtes.

Nachdem schon im Jahre 1847, dem Schicksalsjahre
für die innere Schweiz, eine Verfassungsänderung vorge=
nommen war, revidirte Uri seine Verfassung von Neuem
am 5. Mai 1850 und zu diesem Staatsgrundgesetze, welches
denn doch an den alten Principien festhielt, kamen bald
verschiedene Reglements für den Landrath, Regierungs=
rath und die Justizbehörden.

Der Canton ist in zwei Bezirke und diese sind in poli=
tische Gemeinden eingetheilt. Die Bezirke sind Uri und
Ursern, jenes mit dem Bezirkshauptort Altorf, dieses mit
dem Hauptort Andermatt. Altorf ist aber auch Hauptort
des Cantons und der Sitz sämmtlicher Cantonsbehörden.
Der Bezirk Uri hat 16 politische Gemeinden, der Bezirk
Ursern bildet nur eine politische Gemeinde, welche die vier
in gewissen Verwaltungssachen getrennten Dorfschaften
Andermatt, Hospenthal, Realp und Zumdorf umfaßt. Zum=
dorf ist vielleicht die kleinste Dorfgemeinde der Schweiz und

ohne Aussicht auf eine große Zukunft. Das Dörfchen liegt zwischen Hospenthal und Realp in einer von Lawinen sehr gefährdeten Gegend. Nach der letzten Volkszählung von 1860 hat es 13 Einwohner, 5 männliche und 8 weibliche; 1850 zählte es noch 29, 15 männliche und 14 weibliche. Einer der Bewohner war trotz seinen bescheidenen Ansprüchen an eine comfortable Heimat damals doch noch heimatlos; vielleicht hat er jetzt seine Heimat gefunden. So klein das Dörflein ist, hat es doch eine Kapelle und einen Kaplan, der dem Gottesdienst vorsteht und im Winter den wenigen Dorfkindern Schule hält. Ob seine Stelle in diesem schweizerischen Sibirien mit langem, langem Winter ein Strafamt kirchlicher Disciplin ist oder Vorbereitung auf ein Klausnerleben? Ich weiß es nicht, aber die Seelsorge unter den wenigen Häuptern seiner Lieben kann intensiv sein und eine Sonntagsfeier, zu welcher vielleicht der erste Frühlings-Sonnenstrahl eine Lawine ablöst und als gewaltige Stimme aus der Höhe in die Menschenwelt schickt, ist dort jedenfalls erhebend.

Urseren, obgleich mit Uri zu einer politischen Einheit verbunden, sucht so viel als möglich eine Selbstständigkeit geltend zu machen und fügt sich nur ungern den Herren von Altorf, daher denn das Verhältniß selten gut zu nennen ist. Die neuen Straßenbaupläne haben wieder zu Reibungen Anlaß gegeben. Früher maßte sich der Bezirksrath in Andermatt zum Verdruß der Herrn in Altorf auch wohl in seinen Ausfertigungen das Prädicat „hohe Regierung" oder „hoher Thalrath" an, was denn Zurechtweisungen vom Re=

gierungsrath zur Folge hatte und als diese unbeachtet
blieben, beschloß der Landrath (1851), in Betracht, daß
den Bezirksräthen verfassungsgemäß weder der Titel noch
die Attribute einer Regierung zukämen und in Betracht,
daß ein absichtliches Verharren auf solch unbefugten Titu-
laturen zum Troße gegen Verfassung und Regierung sich
qualificire: jeder künftige Fall, wo der Bezirksrath von
Ursern in seinen Erlassen einer andern, als der ihm verfassungsgemäß zukommenden Titulatur sich bedienen werde,
sei mit einer Ordnungsbuße von Fr. 100 zu belegen und
der Regierungsrath sei mit der Vollziehung beauftragt.

Die Verfassungs-Urkunde von Uri enthält in den allgemeinen Bestimmungen folgende das Staatswesen besonders charakterisirende Fundamentalsätze:

„Der schweizerische Canton Uri ist, Bundespflichten
vorbehalten, ein souveräner Freistaat, mit rein demokra-
tischer Verfassung. Die Souveränität beruht im Volke,
welches dieselbe unmittelbar in seinen verfassungsmäßigen
Versammlungen durch Stimmenmehrheit ausübt. Das
Volk gibt sich in diesen unmittelbar selbst Verfassung und
Gesetze".

„Die Religion des Cantons ist die christlich-römisch-
katholische. Die Ausübung des Gottesdienstes anderer
anerkannter christlicher Confessionen ist jedoch frei".

„Alle Cantonsbürger haben gleiche staatsbürgerliche
Rechte. Es gibt keine Unterthanen-Verhältnisse, keine
Vorrechte, weder des Orts, der Geburt, noch der Familien

ober Perfonen. Alle Cantonseinwohner, welche Schweizer-
bürger find, find vor dem Gefetze gleich".

„Die perfönliche Freiheit eines jeden Cantonsein-
wohners ist gewährleistet. Niemand kann verhaftet oder
im Verhafte behalten werden, außer in den vom Gefetze
bestimmten Fällen und auf die vom Gefetze vorgeschriebene
Art".

Die oberste gefetzgebende Gewalt ist die Landsgemeinde, an welcher das Volk unmittelbar fein Souveränetäts-
recht ausübt. Der Landrath hat die Initiative in der
Gefetzgebung, fo daß alle Gefetzesvorschläge von ihm kommen oder durch ihn und mit feinem Gutachten begleitet an
die Landsgemeinde. Der Regierungsrath hat die voll-
ziehende Gewalt.

Die jährliche ordentliche Landsgemeinde verfammelt
fich am ersten Sonntag im Mai zu Bözlingen an der Gand,*)
eine kleine Stunde von Altorf, unter freiem Himmel;
außerordentliche Landsgemeinden werden vom Landrath berufen und diefer kann dazu veranlaßt werden durch ein
„Siebengeschlechtsbegehren" d. h. von wenigstens 7 unbe-
scholtenen „aufrechtstehenden" Männern aus verschiedenen
Geschlechtern. Es ist dieß ein wichtiger staatsrechtlicher
Begriff, daher manche vorforgliche Bestimmungen existiren,
damit kein Mißbrauch dabei getrieben werde. Die Ver-
faffung hat den Bürgern das freie Petitionsrecht gewährleistet, damit aber auch die Gewähr vorhanden fei, daß

*) Gand bedeutet Felbbruch oder eine mit zerklüfteten Felsstücken über-
schüttete Strecke Landes.

nicht leichtsinnig und ohne wirkliches Bedürfniß das Staats=
und Gemeindeleben durch Anforderungen berührt werde,
existirt von Alters her diese zweckmäßige Einrichtung, nicht
bloß in der angegebenen Richtung, sondern auch, wenn
überhaupt Begehren allgemeiner Art an die Behörden ge=
stellt werden. In einem Falle, der den Bau der Axen=
straße betraf, waren in dem auf Einberufung einer außer=
ordentlichen Landsgemeinde (1862) gehenden „Siebenge=
schlechtsbegehren" 15 Geschlechter vertreten.

In den Formen der Landsgemeinde hat die neuere
Zeit zwar etwas aufgeräumt, es gleicht aber doch eine solche
Versammlung des freien Volkes von Uri einem Bilde aus
altgermanischer Zeit. Von einer Bewaffnung aller stimm=
fähigen Landleute, wie sie sich noch in Appenzell erhalten
hat, ist nicht mehr die Rede. Nachdem der Hauptgottes=
dienst in Altorf beendet ist, beginnt auf dem Rathhaus=
platze die Sammlung der Beamten und Landleute, als
Vorbereitung zum feierlichen Zuge. Die höheren Beamten
in schwarzer Kleidung, mit seidenen Mänteln und Degen,
die Rathsherrn, die Landschreiber und Fürsprecher treffen
zu Pferde ein. Dem um Mittag sich in Bewegung setzen=
den Zuge wird die Landesfahne unter militärischer Escorte
und Musik vorgetragen. Zwei Männer in alter Schweizer=
tracht haben große mit Silber beschlagene Büffelhörner auf
den Achseln; daran reihen sich zwei Bediente mit den Lands=
gemeindeprotocollen, dem Landbuch und anderen Gesetzen
und einem schwarz und gelben Sammtbeutel, der die Siegel
und die Schlüssel zu den Archiven enthält. Der Großweibel

in einer schwarz und gelben Toga alter Form trägt den
Stab mit dem Reichsapfel, über welchem noch sehr sinnreich
ein kleiner mit dem Pfeil durchbohrter Apfel angebracht ist;
der zweite Weibel trägt das mit schwarz und gelben Bändern
umwundene richterliche Schwert; die übrigen Weibel und
Läufer in Mänteln von der schwarz und gelben Landesfarbe
folgen. Hinter dieser Vorhut erscheinen die berittenen
Beamten und daran schließt sich die Menge des Volkes, so
daß der Zug, der sich nun nach Bözlingen in Bewegung
setzt, wo das Volk aus den höheren Gegenden schon
eingetroffen ist, sich recht stattlich ausnimmt.

Nach einer Pause von einigen Minuten, wie Lusser
berichtet, während welcher auf dem Hügel über dem Lands-
gemeindeplatz die Musik die Arie des alten Tellenliedes
spielt, nehmen die Regierungsglieder, die Geistlichen und
wer sonst noch gerne sitzt und Platz findet, auf der innersten
Bank des aus Balken und Brettern erbauten, sich amphithea-
tralisch erhebenden Kreises, Landsgemeind-Ring genannt,
Platz. Der regierende Landammann stellt sich an den in der
Mitte dieses Kreises stehenden Tisch, ihm folgt der erste
Landschreiber und zwei Bediente mit Schirmen gegen Sonne
oder Regen. Auf dem Tische liegen die Bücher, der Beutel
mit den Siegeln und Schlüsseln, das richterliche Schwert
und Schreibmaterial, unter demselben die Landeshörner,
durch welche zuvor das Volk zum Ring gerufen worden,
nebenher auf Trommeln die zusammengewickelte Standes-
fahne. Die Weibel besteigen eine über dem Ring er-
habene Bank und das Volk stellt sich frei und nach Be-

lieben auf die Flügel der kreisförmigen Bühne, oder
schwaßt noch in mannigfachen Gruppen außerhalb derselben,
bis der Großweibel mit starker Stimme ruft: „Was Räth
und Landleut sind, zwanzig Jahr und drüber sind, sollen
zusammen an Ring stehen, und das bei ihrem Eid". (Der
Eid lautet: „das Wohl des Vaterlandes zu mehren and
dessen Schaden zu wenden, zu stimmen und zu handeln".)
Nun eröffnet der Landammann (der, wenn er redet, immer
steht, sonst aber nach Belieben sißen oder stehen kann) in kurzen
Worten die Versammlung und fordert dann auf, Gott um Bei=
stand und Segen für die Verhandlungen anzurufen, worauf
das ganze Volk mit entblößtem Haupte fünf Vaterunser
und fünf Ave Maria betet und sich dann wieder bedeckt.

Wenn über einen zur Abstimmung gesetzten Gegen=
stand verschiedene Ansichten geäußert sind und der Land.
ammann ein betreffendes Resumé gegeben hat, so erfolgt
die Abstimmung, das Mehren, in dieser Weise: „Wem
also wohlgefällt, daß — — zum Gesetz erhoben sein solle,
der hebe die Hand auf!" — „Wem es wohlgefällt,
daß — — mit Abänderung (a. b. c.) angenommen sein
solle, der hebe da die Hand auf! — „Wem aber wohlge=
fällt, daß der Antrag verworfen werden und es beim Alten
verbleiben solle, der hebe da die Hand auf!" Wenn nach
wiederholter Probe das Mehr noch zweifelhaft ist, was
um so eher eintreten kann, da oft die aufgehobenen Hände
rasch hin und her bewegt werden, so erlangt man durch
folgende Procedur ein sicheres Resultat. Zwei Männer
ron Ansehen treten aus dem Ringe heraus, reichen sich

die Hände und halten diese empor, und die Stimmenden müssen einer nach dem andern darunter durchgehen. Auf diese Weise kann die Zählung der für die eine oder andere Ansicht Stimmenden mit Zuverlässigkeit beschafft werden. Der durch das Mehr zum Beschluß erhobene Antrag wird vom Landschreiber protocollirt.

Nach Beendigung dieser Abstimmung giebt der regierende Laudammann, an das richterliche Schwert gelehnt, Rechenschaft von den Geschäften und den politischen Verhältnissen des letzten Jahres und legt sein Amt in die Hände des Volks nieder, indem er das Schwert bei den Büchern und Siegeln auf dem Tische deponirt und sich vom Tische weggehend zu den Alt-Landammännern setzt. Hat er das hohe Amt erst ein Jahr bekleidet, so wird er in der Regel für eine zweite Amtsdauer wiedergewählt. Der durch das Handmehr gewählte oder wiedergewählte Landammann tritt an den Tisch und leistet den vom Landschreiber vorgelesenen Eid: „des Landes Ehre und Nutzen zu fördern, Schande, Schaden und Laster zu wenden, vorzubringen was vorzubringen ist, und ein unpartheiischer Richter zu sein und zu richten nach dem Recht dem Armen wie dem Reichen, dem Reichen wie dem Armen, dem Fremden wie dem Einheimischen, und hierum weder Geschenke, Geld noch Geldeswerth zu nehmen, außer dem gewohnten Lohn, auch hierin nicht zu handeln aus Freundschaft noch Feindschaft, noch aus andern Beweggründen, sondern allein nach dem Recht.' Alles getreu und ohne Gefährde". Wenn er nun seine Antrittsrede gehalten, ließ er den Lands-

gemeinde=Eid oder Vaterlands=Eid vor und alles Volk
spricht denselben mit entblößtem Haupte und aufgehobenen
Schwörfingern nach. Dieser Eid lautet: „Des Landes
Nutzen und Ehre zu fördern, Schand, Schaden und Laster
zu wenden, vorzubringen, was vorzubringen ist, und dem
Landammann und seinen Boten gehorsam zu sein und nach=
zukommen, so oft sie von ihm oder seinen Boten ge=
mahnt und berufen werden, das Recht helfen fördern und
das Unrecht unterdrücken, auch den Landammann zu
schirmen und Hand zu haben zu Recht. Alles getreu und
ohne Gefährde". Es folgt die Berichterstattung des
Seckelmeisters über den Zustand der Finanzen und auch
dieser Beamte legt sein Amt in die Hände des Volks
nieder, wird aber auch gewöhnlich wiedergewählt. Die
Landschreiber, die Weibel und andere niedrige Beamte
dürfen sich selbst zur Wiederwahl empfehlen.

Die Stimmfähigkeit in der Landsgemeinde beginnt
für die jungen Bürger jetzt erst mit dem vollendeten 20.
Jahre, früher genügte schon das 14. Jahr. Ausgeschlossen
sind die durch gerichtliches Urtheil Entehrten, die durch
Urtheil im Activbürgerrecht Eingestellten, die Falliten
und Accordanten bis zur gesetzlichen Rehabilitation,
Geisteskranke und Blödsinnige, diejenigen, denen der Be=
such der Wirthshäuser verboten ist.

Unter den Verhandlungsgegenständen nehmen die
Wahlen des Landammanns, Landesstatthalters, Panner=
herrn, Landeshauptmanns, Landesseckelmeisters, Bauherrn
u. s. w. den Hauptplatz ein und die Betheiligung daran

ist eine sehr allgemeine, während von den sonstigen Verhandlungen sich oft manche Bürger entfernen. Sie können
auch sich der Abstimmung enthalten oder, wie man zu
sagen pflegt, „die Hände im Sack behalten". So erhoben
sich in der Maienlandsgemeinde 1862 gegen den Antrag
des Straßengesetzes nur wenige Hände und der Antrag
wurde doch nur mit einem geringen Mehr angenommen.
Ob ein Verhandlungsgegenstand wichtig sei oder nicht,
darüber hat das Volk oft seine besondere Meinung. Mit
dem Tanzen haben sich Landrath und Landsgemeinde neuerdings mehrfach und angelegentlich beschäftigen müssen. Das
Landbuch, überhaupt sehr streng in der Sittenpolizei, hat
im Art. 202 eine der jungen Welt sehr lästige Bestimmung:
„Das Tanzen nach 9 Uhr Abends, wie auch an Sonn-
und Feyertagen und an derselben Vorabenden und an
Fasttagen, wie auch an den Markttagen ist bei 10 Gulden
Buß für jede Person und den Wirth verboten, wovon
dem Angeber der dritte Theil gefolgen soll. Auch ist das
übertriebene so wie das allzunahe Walzen bei 10 Gulden
Buß verboten". Um die Tanz-Polizeistunde zu beseitigen
movirte sich die junge Welt seit fast 20 Jahren in jeder
Landsgemeinde, aber vergebens, gegen die Alten und die
Geistlichkeit. Als ein völliger Sieg unmöglich schien, wollte
jene sich mit der Tanzfreiheit bis 12 Uhr begnügen, fand
aber hierin denselben energischen Widerstand, bis nochmals
ein Siebengeschlechtsbegehren für die Zugabe der drei
Stunden an die letzte Landsgemeinde (1863) gebracht
wurde. Zahlreich versammelte sich das souveräne Volk auf

dem Kampfplatze. Die Regierung unterstützte das Begehren, aber der bischöfliche Commissarius trat mit einer
Rede dagegen auf und wurde vom Alt-Nationalrath Lusser
mit Gründen der Moral und Nationalökonomie secundirt.
Sechs Redner traten für das Tanzen in die Schranken und
wie ernst der Kampf war, zeigt die Mühe, mit welcher ein
Resultat erlangt wurde. Erst nach dreimaliger Abstimmung,
bei welcher es laut und drohend herging, ergaben sich 671
Stimmen für und 582 gegen das Begehren der Verlängerung der Tanzzeit. Es war das Haupt-Tractandum des
Tages gewesen und das weitere Wahlgeschäft verlief sich
rasch. Um Mitternacht schaute der Vollmond, sichtbarlich
vergnügt auf die vom Tanze heimgehenden jauchzenden
Gruppen der Jünglinge und Jungfrauen von Uri herab.

Der Unschuldigen-Kinder-Landrath 1861, d. h. der
regelmäßig am 28. December, dem Kindleintage, zu haltende
Landrath, erstreckte seine Barmherzigkeit auf lange Zeit mit
Unrecht geächtete Thiere aus der geflügelten Welt, indem
die in der Verordnung gegen schädliche Vögel festgesetzten
Prämien für die Erlegung des Kukuks und des Gimpels
(vulgo Bollenpicker) wegerkannt wurden; aber diese Vögel
mögen sich des in Uri erworbenen Heimatsrechts freuen und
sich nicht verlocken lassen in das benachbarte Nidwalden
hinüberzufliegen, denn dort hat das souveräne Volk in einer
Landsgemeinde 1862 das Erlegen von Elstern, Krähen
und einigen anderen Vögeln von Neuem prämirt. Die
Menschen werden gegen die Thiere oft erst menschlich, wenn
sie ihren Vortheil dabei sehen, und der in neuester Zeit mit

Zahlen geführte Nachweis von dem Nutzen mancher bisher für schädlich gehaltener Vögel wird diesen eine schöne Zukunft eröffnen, auch in Nidwalden, dessen Laubbächer so einladend sind für Sänger aller Art.

Die Rechtspflege in Uri hat starke Licht- und Schattenseiten und nicht wenige Eigenthümlichkeiten. Zu den formalen Besonderheiten gehört, daß jede Gerichtssitzung mit Anrufung des heiligen Geistes, und durch Abbetung von fünf Vaterunser eröffnet werden soll, nach dem Reglement für die Justizbehörden des Cantons §. 13. (1851.)

In culturgeschichtlicher Beziehung ist der Strafproceß eines Landes immer wichtiger als das Verfahren in Civilsachen. Wenn auch keine vollständige Strafproceßordnung von Uri vorliegt, so läßt sich doch aus dem vorhandenen Material erkennen, daß das dortige Strafverfahren der modernen Anschauung noch recht fern ist und daß dessen Färbung als Grau in Grau bezeichnet werden kann. Den Urnern ist die Unvollkommenheit ihres Strafprocesses nicht unbekannt und es sind auch bereits Motionen zu einer gründlichen Reform desselben gestellt, aber sehr richtig ist im Landrath die Ansicht geltend gemacht, daß das materielle und formelle Strafrecht zu gleicher Zeit umzugestalten sei, da beide sich gegenseitig bedingen. Zu dem Zwecke wurde vom Landrath nach einem regierungsräthlichen Antrage einer Commission der Auftrag ertheilt, ein Strafgesetz und in Verbindung mit demselben ein Gesetz über das Strafverfahren zu entwerfen (1860.)

In dem Reglement für das Verhöramt (1842) lesen wir §. 6: „Das Verhöramt ist bevollmächtigt, den Inquisiten im Läugnungsfalle bis auf drei Tage, in jeder Woche, an die magere Kost zu verordnen und bis 10 Stockstreiche auf das Mal durch den Bettelvogt anzuwenden. Wenn man jedoch in den Zwangsmaßnahmen dieses Maß zu überschreiten nöthig fände, so sollen die weitern Vollmachten beim Rathe eingeholt werden". Worin die das Normalmaß überschreitenden Zwangsmaßnahmen bestehen können, erfahren wir nicht, es ist das eben ein Kautschukbegriff. Belehrung gibt uns darüber ein Straffall aus neuester Zeit, der zwar was Verbrechen und Verbrecher betrifft viele seines Gleichen hat und dessen psychologische Momente nicht erheblich sind, aus dem wir aber den Gang eines Criminalverfahrens in erschwerten Fällen nach der Praxis von Uri erkennen können.

Caspar Zurfluh, 25 Jahr alt, aus einer nicht gut beleumdeten Familie in der Gemeinde Gurtnellen, hatte ein bedeutend älteres Mädchen, mit dem er sich so weit eingelassen, daß er sie zu heiraten moralisch gezwungen gewesen wäre, in grausamer Weise ermordet Nachdem der Verdacht sogleich auf ihn gefallen war, setzte er den gegen ihn sprechenden starken Anzeigen der That das Läugnen gegenüber, bis der oben genannte §. 6 gegen ihn in Anwendung gebracht war. Ein Berichterstatter in der Schwyzer-Zeitung meldete: „Was vielwöchige Gefangenschaft und mehrmalige Confrontationen und was selbst schmale Kost (Wasser und Brot) bei dem rohen Verbrecher nicht vermochten, das gelang durch die in jüngster Zeit gegen denselben in Anwendung gebrachten territiones reales. Diese Argumenta ad hominem haben auch in diesem traurigen Falle ihre alte Wirksamkeit bewährt". Der Ausdruck Real-Territion ist hier wohl nicht ganz in dem Sinne der älteren deutschen Criminalisten zu nehmen, bei denen sie schon der Anfang wirklicher Tortur war, im Gegensatz zu der Verbal-Territion oder Drohung mit der Folter. Wenn die erstere Territion beliebt wurde, legte der Henker die Folterwerkzeuge vor den Augen des Inquisiten zurecht, entkleidete ihn, setzte ihm die Daumschrauben an, drückte diese auch schon ein wenig u. dgl. So etwas kam in Altorf nicht vor, sondern man begnügte sich mit der „uneigentlichen Tortur". Auf Bevollmächtigung des Regierungsraths wurde die magere Kost bis auf 4 Tage in der Woche ausgedehnt und die Ruthenstreiche „wo gehörig" vervielfältigt.

Der Mörder wurde vom Criminalgericht zum Tode durch Enthauptung verurtheilt, appellirte vergebens an das Cantonsgericht (oder Eilfergericht), und ging an den zweifachen Landrath, dem das Recht der Begnadigung und der Umwandlung der Todesstrafe in eine andere Strafe zusteht. Obwohl er keine Aussicht auf Erfolg hatte, indem in Uri die Abneigung gegen die Todesstrafe nicht vorherrschend ist und man der Ansicht huldigt, daß ein noch bestehendes Gesetz (hier Art. 258 des Landbuchs), wenn seine Voraussetzungen vorhanden, auch zu befolgen sei, — erklärte er, er treibe es soweit er könne und dann möge es eben gehen wie es wolle.

128

Ueber den erwähnten zwiefachen Landrath ist Folgendes zu bemerken. Der (einfache) Landrath besteht aus dem Landammann, als Präsidenten, dem Landesstatthalter, vier Regierungsmitgliedern, dem Präsidenten des Cantonsgerichts und den von den Gemeinden nach ihrer Volkszahl gewählten Mitgliedern (— nach der Volkszählung von 1850 waren es 48 —). Der zwiefache Landrath wird dadurch gebildet, daß für ein jedes Mitglied des Landraths auf gleiche Amtsdauer wie die Mitglieder selbst, ein Mitrath von den betreffenden Gemeinden ernannt wird, für die Regierungsmitglieder aber vom Landrathe. Eine ähnliche Einrichtung für ähnliche Zwecke findet sich in anderen Cantonen der Urschweiz, und wie der Landrath überhaupt Volksvertretung ist, so in potenzirter Weise der zwiefache Landrath.

Als der zwiefache Landrath versammelt war, öffneten sich die Flügelthüren des Rathsaals und, begleitet von einem Welt- und einem Ordensgeistlichen und gefolgt von zwei Landjägern trat der unglückliche Verbrecher, das Bild des gekreuzigten Heilands in den gefalteten Händen tragend, mit todblassem Gesichte, ins Zimmer, in welchem nun zum dritten Mal ihm das Leben abgesprochen werden sollte, knieete neben seinem Vertheidiger nieder und dieser versuchte in längerer Rede Gnade und Milde zu erwecken. Der Begnadigungsantrag ging auf Umwandlung der Todesstrafe in 30jährige Kettenstrafe.

Das Niederknieen des Gnade Bittenden ist alte Sitte und Bestimmung des Reglements für den Landrath (1850) die Begleitung der Geistlichen scheint in Uri eine stumme zu sein, ist aber doch wohl zurückzuführen auf die in anderen Theilen der innern Schweiz noch nicht untergegangene Sitte, daß die Geistlichkeit sich nebst der Familie des vor dem Todesurtheil Stehenden oder zum Tode Verurtheilten am Gnadeflehen bethätigt.

Das Begnadigungsgesuch wurde mit 82 gegen 5 Stimmen verworfen und am folgenden Tage, dem 12. Juni 1861, folgte die Hinrichtung, über welche die Schwyzer-Zeitung eine Mittheilung machte, die uns eine eigenthümliche Sitte vorführt. „Mit dem Schlage der zwölften Stunde öffnete sich die Kerkerthür und der Delinquent begann seinen letzten Gang zum Richtplatze, der eine Viertelstunde ob Altorf gegen Erstfelden liegt. Die Armensünderglocke vom Platzthurme gab diese traurige Kunde mit harten verhallenden Klängen. Unter dem Geleite von zwei Priestern schritt Zurfluh mit gebeugtem bleichem Antlitze, aber festen Trittes einher; ihm folgte die Schaar der barmherzigen Brüder, die dem ganzen schwerfälligen Zuge einen hochernsten Charakter verliehen. Diese Brüder sind mit einer langen schwarzen Soutane bekleidet, die ein kleiner Mantel von gelber Farbe bis zum Ellbogengelenke bedeckt. Das Haupt derselben verhüllt eine schwarze Kapuze, das Angesicht eine schwarze Larve. Die rechte Hand trägt einen die Häupter überragenden Stab, dessen Knopf einen kleinen Todtenschädel bildet. Ein großes Kreuz mit dem Bilde des Erlösers ragt über den Reihen hervor. Das Institut dieser barmherzigen Brüder hat den einzigen Zweck, die letzten Lebensstunden

130

eines zum Tode Verurtheilten mit geistlichen und leiblichen Mitteln der Barmherzigkeit für ein besseres Leben jenseits einzuweihen und den Leichnam des Gerichteten zur Erde zu bestatten. Die Mitglieder sind aus den ersten Familien, darunter viele hohe Beamte".

Als das Haupt gefallen war, bestieg der Pfarrer El= mauthaler von Altorf die Richtstätte und hielt, sichtlich tief ergriffen, aber mit kräftiger Stimme eine Standrede über den Text Galater 6, 7. 8. „Täuschet euch nicht; Gott läßt seiner nicht spotten. Denn was der Mensch säet, das wird er auch ernten. Wer in seinem Fleische säet, der wird vom Fleische Verderben ernten". Nachdem nun noch die große Volksmenge nach Aufforderung des Pfarrers drei Vater Unser und Ave Maria sammt dem christlichen Glaubensbe= kenntnisse zum Trost und Heil für die Seele des Gerichteten laut gebetet hatte, wurde die Leiche in dem bereitgehaltenen Sarge von der genannten frommen Brüderschaft auf den Friedhof in Altorf gebracht und daselbst in den kühlen Schoß der geweihten Erde gesenkt.

Die genannte Gesellschaft der barmherzigen Brüder, unzweifelhaft eine Nachbildung italienischer Einrichtungen, besteht in Altorf seit 1754 und umfaßt 33 Brüder. Bei Vakanzen findet Cooptation statt. Die Gesellschaft fungirt nicht bloß bei Hinrichtungen, sondern übt in stiller Weise Wohlthätigkeit, aber vor das Publikum tritt sie nur bei solchen traurigen Anlässen. Zwei Brüder sind dann beauftragt um Geld zu Seelenmessen für den Hinzurichtenden zu bitten. Erwähnenswerth ist es, daß Caspar Zurfluh den Wunsch äußerte, es möge ein Theil der Gaben zu Seelenmessen für die Gemordete verwendet werden. Die Erlaubniß den Leich=nam des Hingerichteten auf dem Kirchhofe beerdigen zu dürfen, wird von der Brüderschaft vorher bei dem Gerichte ausgewirkt.

Früher wurde dem armen Menschen, der seinen letzten Gang nach Erstfelden antrat, an der Grenze von Altorf bei einer Kapelle, die noch den Namen „Haar=Käppeli" führt, das Haar abgeschnitten. In dem Falle des Caspar Zurfluh war dies schon im Gefängniß geschehen.

Wie das Strafverfahren in Uri manches Eigenthüm=liche hat, so besteht die Eigenthümlichkeit des materiellen Strafrechts vornemlich darin, daß die Abtheilung des Landbuchs über „Malefiz und Friedbruch" im Vergleich zu modernen Strafgesetzgebungen so außerordentlich kurz ist und so wenig alle vorkommenden Verbrechen und Vergehen behandelt oder auch nur berührt, daß dem weisen Ermessen des Richters der weiteste Spielraum bleibt. Der alte Be=griff des Friedbruchs dominirt, so daß die Formen, in denen er auftreten kann, durch gewaltsame Handlungen ver=schiedener Art, am sorgfältigsten behandelt sind. Schon die Drohung einem Andern an Leib, Leben, Hab und Gut schaden zu wollen, ist mit einer Geldbuße von 10 Gulden zu Handen des Landseckels bedroht; auch soll der Drohende dem Richter angeloben, dem Andern auf keine Art einiges Leid zuzufügen; so er dann aber auf diese Anlobung hin den Andern beschädigen würde, soll er als meineidig ange=sehen und dafür bestraft werden.

9 *

Sehr stark tritt auch im Landbuch die Einbuße der
Ehre als Folge der Bestrafung für Verbrechen hervor.
Nachdem im Art. 254 ein Catalog der Malefizsachen gegeben
ist, heißt es im Art. 256: „Jedes als Malefiz bestrafte Vergehen macht den Schuldigen ehrlos; bei andern Straf-
urtheilen über Criminalfälle soll allemal erkennt und beige-
setzt werden, ob der Bestrafte der Ehre entsetzt sein solle und
für wie lange oder aber nicht". Dies ist aber durch ein
Erkenntniß der Landsgemeinde 1842 dahin modificirt worden, daß dem Malefiz-Landrathe das Recht vorbehalten
bleiben soll, bei den ihm zur Beurtheilung vorkommenden
Straffällen, jedes Mal nach Verhältniß des Verbrechens zu
bestimmen, nach wie viel Jahren ein solcher Sträfling wieder
vor die gleiche Behörde zurückkehren dürfe, um die Rehabilitation nachzusuchen, welche ihm dann unter der Bedingung ertheilt werden möge, wenn der Bestrafte durch Zeugnisse von seiner Ortsbehörde und seinem Seelsorger beweisen
könne, daß er sich gebessert und seine Bürger- und Christen-
pflichten während dieser Zeit getreu erfüllt habe.

Zu den Ehrenstrafen gehört auch das überhaupt in
der Schweiz sehr verbreitete Wirthshausverbot, so daß diejenigen, denen der Besuch der Wirths- und Schenkhäuser
verboten ist, eben so wenig wie die durch gerichtliches Urtheil Entehrten in der Landsgemeinde stimmen dürfen. Auch
von den Schützenfesten sind sie ausgeschlossen. Es ist jenes
Verbot eine Ehrenschmälerung, verschieden von der Ehr-
losigkeit, und tritt nicht nur ein als Zugabe zu criminellen
Strafen, sondern als selbstständiger Bann für liederliche

Leute. Da das Verbot oft übertreten wird, so hat sich die neuere Gesetzgebung von Uri mit diesem Gegenstande in der Art beschäftigt, daß nicht nur solche Personen, wenn sie irgendwo in berauschtem Zustande gesehen oder betroffen werden, in polizeiliche Haft gebracht und darin so lange belassen werden sollen „bis sie wieder nüchtern geworden sind", sondern nach einem Rathserkenntniß von 1849 auch länger, bis auf 48 Stunden, in solcher Haft bleiben und vor der Entlassung nach Umständen mit 12 Ruthenstreichen gezüchtigt werden, ja selbst, unter erschwerenden Umständen, schwerer bestraft werden sollen.

Zur Charakteristik des Strafensystems in Uri mögen einige Fälle dienen, welche zeigen, daß man dort von einer Verschwendung in Ausgaben zur Unterhaltung von Gefangenen, wie in Unterwalden, weit entfernt ist, namentlich wenn der Verbrecher in Uri kein Heimatsrecht hat.

Johann Gisler von Schattdorf, 16 Jahr alt, schon einmal wegen Diebstahl vom Bezirksgericht bestraft, wurde 1860 wegen zweier Diebstähle, die nach dem modernen Strafrecht als erschwerte gelten, vom Criminalgerichte belegt: 1) Mit 5tägiger Gefangenschaft und 30 Ruthenstreichen in 3 Malen, auf den bloßen Rücken, und mit Entsetzung seiner bürgerlichen Rechte und Ehren, jedoch mag er nach Ablauf von 4 Jahren um die Rehabilitation ansuchen. 2) Soll er die Prozeß-, Atzungs- und betreffenden Gerichtskosten bezahlen und das Entwendete wieder ersetzen. 3) Ist ihm während drei Tagen durch einen Geistlichen Religionsunterricht zu

ertheilen, und er sodann nach erstandener Gefängnißstrafe
der Bezirks = Finanzcommission zur Obsorge zu empfehlen.
Johann Krieg, von Altendorf im Canton Schwyz,
69 Jahr alt, wurde (1862) wegen Diebstahl mit Einbruch,
mit ¼ stündiger Ausstellung durch den Polizeidiener, 6tä=
giger Gefangenschaft, 20 Ruthenstreichen im verschlossenen
Raume, lebenslänglicher Cantonsverweisung und Ehrent=
setzung bestraft. — In der Ausstellung ist Variation; die
schwerere Art geschieht durch den Scharfrichter. So wurde
1862 Josepha Arnold von Bürglen, ein 24jähriges
Mädchen, um 12 Uhr Mittags während einer Viertelstunde
durch den Scharfrichter auf dem Lasterstein ausgestellt, mit
umgehängter Inschrift „Meineid und Unzucht".

Das Verfahren in bürgerlichen Rechtsstreitigkeiten ist
geregelt durch eine Proceßordnung von 1852, die durchweg
einen modernen Zuschnitt hat, so daß Strafprozeß und
Civilprozeß Jahrhunderte auseinander liegen. Aus alter
Zeit herübergenommen sind die s. g. Gassengerichte, wie sie
auch von jeher in Schwyz bestanden, die ihren Namen nicht
davon hatten, daß sie auf der Gasse gehalten wurden,
sondern daß jeder Landmann, der eben über die Gasse daher
kam, von dem unter dem Rathhausbogen stehenden Land=
weibel zum Richten herangezogen wurde und sich dieser
Thätigkeit nicht weigern durfte. Der Landweibel recrutirte
auf diese Weise 6 Landleute, die dann mit dem Richter das
Gericht bildeten. Zweck und Veranlassung dieser Maßregel
sind noch in der neuen Civilproceßordnung §. 6. deutlich
angegeben: „Als Schiedsgericht ist auch das sogenannte

Gaffengericht zu betrachten, wo der Bezirksammann bei
Streitigkeiten zwischen Fremden oder zwischen einem Fremden und Einheimischen, wo beide schnellen Entscheid wünschen
oder die Sache sonst keinen Verzug erleidet, 6 ehrenwerthe,
unpartheiische Männer, die zu erscheinen schuldig sind, zu-
sammenruft und ihnen präsidirt". Blumer erwähnt in
seiner Rechtsgeschichte aus Unterwalden die Sitte einer nicht
fernliegenden Zeit, daß bei Rechtsstreitigkeiten, wo Gefahr
im Verzuge lag, die Parteien dem Landweibel um Einberufung eines Gaffengerichts angeben konnten und daß dann
der Landweibel nach beendigtem Gottesdienste auf den Dorf-
platz von Stans, wo sich Volk angesammelt hatte, herunter-
ging und nach freiem Ermessen sieben Urtheiler auswählte,
die ihm für den fraglichen Fall durch Sach- und Fach-
kenntniß besonders geeignet schienen. Der Angesprochene
war verpflichtet dem Rufe zu folgen; daher kam es denn
aber vor, daß Leute, die weniger Neigung hatten richterliche
Functionen auszuüben als sich in üblicher Weise um diese
Zeit zu erfrischen, davonschlichen, wenn der Landweibel
anrückte.

Der kleine Gegenstand hat ein nicht unbedeutendes
rechtshistorisches Interesse, insofern er ein Beleg ist zu der
so oft wahrnehmbaren Erscheinung, daß im Rechtsleben der
Schweiz sich bis in die Gegenwart oder bis zur Schwelle
der Gegenwart Einrichtungen erhalten haben, die früher auf
germanischem Boden weiter verbreitet waren. Wir dürfen
den Kern jener Einrichtung, wie er noch aus der Civil-
prozeßordnung von Uri hervortritt, darin sehen, daß durch-

reisende Fremde nicht aufgehalten werden sollten, aber auch ein Einheimischer, der in eine Differenz mit einem Fremden gekommen war, nicht durch die Abreise des Fremden gefährdet werden sollte; Gastgerichte waren daher eine auf deutschem Boden weitverbreitete Einrichtung. Durch Uri ging von jeher die große Straße von Deutschland nach Italien, daher trat das Bedürfniß einer solchen raschen Justizpflege hier besonders hervor.

––––––––––

Uri ist kein reiches Land. Die Alpenwirthschaft nährt einen großen Theil der Bevölkerung zur Genüge und mehr wird nicht begehrt, denn so ist es ja von Altersher gewesen. Aber recht häufig findet man Familien, welche in ärmlichster Hütte, die sich im Skizzenbuch der zeichnenden Engländerin romantisch ausnimmt, als Viehstand eine oder einige Ziegen haben und deren regelmäßige Nahrung im Sommer Ziegenmilch und Mehlbrei, im Winter Mehlbrei, Zieger und Erdäpfel bilden, denen Brot eine Delicatesse ist und die im ganzen Jahr Fleisch nur mit Thränen essen, wenn sie das Unglück gehabt haben, daß eine junge Ziege vom Felsabhange gefallen ist. Die Ziegen sind oft die Ernährer der armen Menschen, nicht bloß hier, sondern auch in anderen Theilen der Schweiz, und da kann es einem Leid thun, wenn man sie aus einem freilich von anderer Seite triftigen Grunde, weil sie die jungen Bäume annagen und vernichten, in ihrer freien Bewegung beschränken will. Aus dem Bannwalde

von Altorf, der für den Ort eine Lebensbedingung ist, sind
sie „als dem Nachwuchse des jungen Waldes vorzüglich
schädlich" bei bedeutender Geldbuße verbannt. Ich lächelte
ungläubig, als mir einst mein alter College S ch i n z, wegen
seiner Verdienste um die Ornithologie Vogel-Schinz genannt,
erzählte, daß in der Schweiz die Ziegen besonders Schuld
seien an dem Schaden, den die Lawinen anrichteten, und
ich hielt das für einen Ausdruck seiner Antipathie gegen die
vierbeinigen Creaturen, aber ich bitte ihm nach seinem seligen
Hinscheiden mein Lächeln ab, seit ich erfahren habe, was in
Uri ein Bannwald bedeutet. In Gersau sind die Ziegen
aus den Holzschlägen gänzlich geächtet und in Chur hat sich
sogar kürzlich ein Antiziegenverein gebildet. In Glarus
erheben aber die armen Leute ein großes Geschrei, wenn
davon die Rede ist, ihre Ziegen, die einen so nothwendigen
Bestandtheil ihres Hausstandes bilden, die „Kühe der
Armen", in den Bann zu thun.

Die Urner suchen und finden in ihren Bergen zwar
Schätze in der Form von Bergkrystallen verschiedener Farbe,
verkaufen diese auch, namentlich an Engländer, zu hohen
Preisen, wenn man aber das Verhältniß von Zeit und
Arbeit zu dem Ertrage genauer ansieht, so ist das Krystall-
suchen im Allgemeinen der Gemsjagd ähnlich, auch ist es
wie diese mit Lebensgefahr verbunden. Oft wird lange
Zeit vergeblich gesucht und gegraben und wenn dann aus
dem Schlamm des Berginnern das Gesuchte herausgebracht
ist, so fehlt weit umher das Wasser, um die schmutzigen
Stücke abzuwaschen und zu ermitteln, ob sie einen Werth

haben. Die Goldklumpen, welche oft in den Bergen, besonders dem Bristen, gefunden sein sollen, gehören dem an
die Märchenwelt grenzenden Gebiete an und sind mit den
Märchen nur noch in den Erzählungen einiger Großmütter
und in dem Glauben der Kinder vorhanden. Uri ist durch
sie kein Eldorado geworden.

Die Anwohner der Gotthardsstraße haben nun zwar
als Fuhrleute, Wirthe und Spediteurs einen sichern Erwerb,
aber Thatsache ist, daß Uri viele Arme und Unterstützungs-
bedürftige zählt. Dennoch bin ich in Uri, abgesehen vom
Seelisberge, wo halberwachsene gutgekleidete Knaben sich
nicht scheuen, um Geld für Taback zu bitten, nur selten an-
gebettelt worden, während bekanntlich in manchen Gegenden
der Schweiz die Bettelei recht systematisch betrieben wird.
Ein hübsches Stück aus diesem System ist es, was mir ein
Mann erzählte, der vor mehreren Jahren sich die Haupt-
kirche in Schwyz hatte besehen wollen. Als er eben einge-
treten war, kam ein älterer Mann und bat um eine Gabe.
Auf die Frage des Fremden an den Bettler, wer er sei
und was er treibe, antwortete dieser: „i bi z' Schwyz im
Zuchthus."

In Uri wurde dem Armenwesen seit lange große Sorgfalt gewidmet und in dieser Richtung ist zunächst die Einrichtung der „Verwandschaftssteuern" sehr bemerkenswerth.
Die natürliche Pflicht der Familien dem Hülfsbedürftigen
aus ihrer Mitte die zur Existenz nothwendige Unterstützung
zu geben, ist von der Gesetzgebung insoweit berührt, als
diese die Verwandschaftsgrenze näher bestimmt. Nach dem

Landbuch sollen vaterlose Kinder oder solche, die der Vater wegen eigner Preßhaftigkeit nicht erhalten kann, oder auch andere gebrechliche alte, kranke, ihren Unterhalt zu erwerben ganz unvermögende Personen, von ihrer Verwandschaft genährt, erzogen oder verpflegt werden und zwar soll stets der nächste Verwandschaftsgrad väterlicher Seite eintreten, falls aber dieser dazu nicht vermöglich ist, von Grad zu Grad weiter gegriffen werden. Erst mit dem fünften Grade der väterlichen Verwandschaft kommt die mütterliche Verwandschaft an die Reihe. Die neuere Gesetzgebung hat zu Gunsten der Familie die Armenpflege der Gemeinden stärker in Anspruch genommen, indem die Verwandschaftssteuern nur bis und mit dem ersten und zweiten Grade der väterlichen Verwandschaft fortbestehen, sodann die Gemeinden eintreten. Die Armenpflegen der Gemeinden sollen sorgen, daß alle Armen, auch Wittwen und Waisen, Allmendgärten bekommen; auch ist jede Pflege berechtigt, 24 Bäume auf die Allmend zu setzen, die ihr so lange zu eigen bleiben, als sie dieselben recht und gehörig unterhält, im andern Falle dann gemeine Allmendbäume werden. Den Armenpflegen ist auch ein Strafrecht eingeräumt, bestehend in Einsperrung bei Wasser und Brot von 24 bis 48 Stunden, die zu körperlicher Züchtigung verschärft werden kann. Dieses Strafrecht ist anwendbar gegen diejenigen, welche die Armenpflege mißbrauchen, unehrerbietig gegen die Pflege sich benehmen oder mit Lug und Trug umgehen und gegen die, welche dem Gassenbettel ohne Noth sich ergeben, ferner gegen die, welche den Religionsunterricht, die Predigt und Christenlehre ver-

nachläſſigen und gegen liederliche Hausväter, die den ver-
dienten Pfennig im Wirthshauſe durchjagen und die
Ihrigen bei Hauſe gewiſſenlos ſchmachten laſſen. So beſtimmt das Landbuch Art. 109.

Die genannte Verwandſchaftsſteuer, ein Gegenſtück
zum Erbrecht, und das Fortrücken der Unterſtützungspflicht
von der Familie zur Gemeinde, öffnet uns eine Einſicht in
das Verhältniß von Familie, Gemeinde und Staat. Die
Familie, in welcher und durch welche der Einzelne ſeinen
Werth hat, der er mit Rechten und Pflichten angehört,
bildet die natürliche Grundlage des Staats und ſie erſcheint
als ſolche in der innern Schweiz deutlicher als in Ländern
feinſter Staatsorganiſation. Die Familie erweitert ſich
zum Geſchlecht, dem noch der gemeinſchaftliche Name Zeichen
der Verwandſchaft iſt. Das Zuſammenwohnen der ver-
ſchiedenen Familien und Geſchlechter, die Nachbarſchaft, iſt
ein anderes, auch natürliches Band und die Gemeinden haben
in der Schweiz eine ſo feſte ſtaatsähnliche Organiſation,
daß ſie ſichtbarlich die Brücke von der Familie zum Staat
bilden. In der Tüchtigkeit des Gemeindeweſens ruht die
Kraft der Schweiz und alle Schwankungen in den verſchie-
denen Kreiſen des politiſchen Lebens vermögen nicht dieſe
Grundfeſte zu erſchüttern. Würde auch einmal die Regierung eines Cantons — was Gott verhüten wolle, — vom
Winde entführt, der Staat würde deshalb nicht zuſammen-
brechen, ſondern in den Gemeinden ſeine Bewahrung haben.
Wie ſehr die Schweizer es wiſſen, was ihnen die Gemeinde
iſt, das zeigt ihr Feſthalten an dem Gemeindebürgerrecht

der Heimat, wohin sie auch in den beiden Hemisphären verschlagen werden; das zeigt die jahrhundertlange Seßhaftig-
keit der Familien und Geschlechter in denselben Gemeinden.
Hört man den Namen Zwicky, so weiß man, daß er nach
Glarus und speciell nach Mollis hinweis't, Kamenzind muß
von Gersau sein, Lusser von Altorf, Elsinger ist von Men-
zingen, Merian von Basel, Escher von Zürich. Eine ganz
eigenthümliche Erscheinung bietet Unter-Aegeri im Canton
Zug. Wie Adam Mensch heißt, so ist dort Iten fast gleich-
bedeutend mit Mensch. Wenn ein Geschichtsfreund, der
Morgarten aufsuchen will, Unter-Aegeri passirt, so kann er
getrost den beiden Holzsägern neben dem Wege zurufen:
„Herr Iten, ist dies der Weg nach Morgarten?", denn einer
der Beiden ist unfehlbar oder nach der Wahrscheinlichkeits-
rechnung ein Iten, da von den 2423 Bürgern der Gemeinde
der Clan Iten die Hälfte umfaßt, ich möchte fast glauben
noch mehr, da die schätzbaren Bekanntschaften, drei an der
Zahl, die ich mit Männern aus Unter-Aegeri machen konnte,
alle den Namen Iten tragen. Es erinnert mich das an
eine kleine Geschichte aus Livland. In dem Theile dieses
Landes, dessen Bauern Letten sind, war ein Deutscher bei
einem Gutsbesitzer zum Besuch und fuhr eines Tages mit
demselben über sein großes Feldgebiet. Es wunderte den
Fremden, daß der Gutsherr jeden von den im Felde arbei-
tenden Bauern, dem er etwas aufzutragen hatte, mit Claus
anredete. Heißen hier denn alle Bauern Claus? fragte
jener. Jawohl, erwiederte der Gutsherr, und als der Fremde
noch einen Zweifel darüber in seinem Gesichte ausdrückte,

erbot der Gutsherr sich zum Beweise und rief jeden Bauern, in dessen Nähe sie kamen, mit Claus an und jeder Bauer hörte auf diesen Namen und zog devot vor dem gnädigen Herrn die Mütze ab. Das lettische „Claus" ist aber doch kein Name, sondern bedeutet: Höre!

Um den Gattungsbegriff Jten in Unter-Aegeri zu einem brauchbaren Namen zu gestalten, könnte man nun einige Vornamen oder Personennamen davorsetzen, wie Franz Karli, allein da die Zahl der gangbaren Vornamen beschränkt ist, würde dieß nicht genügend vor Verwechselungen schützen, man läßt daher im mündlichen Verkehr den Geschlechtsnamen Jten als sich so ziemlich von selbst verstehend ganz weg und individualisirt durch andere Operationen. Sehr gewöhnlich wird der Hofname vorangestellt: Obermatt Karli, Obermatt Karli Xaveri, Obermatt Karli Xaveri's Thomas, oder man sagt: der alt Franz Karli und von dessen Sohn: s' alten Franz Karli's Hanesseb, von dessen Enkel: s' Franz Karli Hanessebs Gängel (Wolfgang). Oft dominirt die Bezeichnung des Geschäfts z. B. der alt Buchbinder und der Buchbinder Hanes, der Nagler Peter. Bei weniger großen Geschlechtern wird der Geschlechtsname verwendet und entweder der Hofname vorangesetzt, wie: Bogenmatt-Merz, Fischmatt-Merz, oder es wird die Beschaffenheit des Körpers betont: Groß-Merz, Dürr-Merz, oder die Profession: Schuster-Merz.

Wer in Unter-Aegeri verweilt, wird bald auf einen Namen aufmerksam, den jedermann mit Emphase nennt: Schmied's-Wolfgang. Und wer ist denn Schmied'sWolf-

gang? Es ist der Nationalrath Henggeler, auch Großrath
des Cantons Zürich, aber in seiner Heimatsgemeinde Unter-
Aegeri, deren Stolz und Wohlthäter er ist, trägt er noch
den heimischen Namen seiner Kindheit. Als Mühlenmacher
zog er mit Ranzen und Stock in die Welt hinaus und zeigte
bald, was ein junger Mann, der Energie mit Talent verbindet, aus sich machen kann. Jetzt ist er der erste Industrielle
des Cantons Zug und steht auch im Canton Zürich im
größten Ansehen.

Meine Leser mögen diese kleine Abschweifung von Uri
weg entschuldigen, die ich mir erlaubte, um anzudeuten, daß
es eine sehr dankbare Aufgabe für einen Sprachforscher
oder Sprachphilosophen sein würde, der Genesis der Personennamen nachzugeben. Eine Vergleichung der verschiedenen Cantone der Schweiz und eine Ausdehnung der
Untersuchung auf die Landschaften von Nord- und Süddeutschland in dieser Beziehung würde unzweifelhaft auf
gleiche und ungleiche Entwicklungsgesetze führen.

Zur Characteristik Uri's dient auch ein strenges
Sittenmandat vom Jahre 1860 „zur Vermehrung der
Ehre Gottes, Abschaffung schädlicher Mißbräuche, Handhabung guter Ordnung und besserer Beobachtung der Gesetze". In dasselbe sind die einschlägigen Bestimmungen
des Landbuchs aufgenommen und mit neueren Anordnungen
zu einem Ganzen vereinigt. Es soll alljährlich in den Gemeinden verlesen werden.

Das Mandat beginnt mit der Einschärfung eines
regelmäßigen Kirchenbesuchs und einer christlichen Sonntagsfeier und geht dann auf den Schulbesuch und ähnliche Ge-
genstände über. Bei dem Gottesdienst, so wie vor der
Obrigkeit und bei Landesversammlungen soll jedermann in
gehörig anständiger Kleidung erscheinen; „beinebens sind
sowol Manns- als Weibspersonen jeden Standes nach-
drucksamst gemahnt, sich standesmäßig in Gebühr und Ehr-
barkeit zu bekleiden und alle unanständige und für ihren
Stand zu kostspielige Kleidung zu vermeiden". Die Polizei-
stunde (10 Uhr) ist eingeschärft, doch sind zweckdienliche
Ausnahmen gestattet. Für die Nachtruhe ist in eigenthüm-
licher Form Vorkehrung getroffen: „Das leichtfertige Red-
verkehren, ungebührliche Jolereien, Licht auslöschen, sich
niederbücken und alle andern dergleichen Unfugen und
Lärmereien zur Nachtzeit sind bei Fr. 23, schwere Bubereien
und Unfugen, als Thüren und Fenster einschlagen und
andere solche sträfliche Handlungen bei Fr. 46 Buße verboten; in schweren Fällen dieser Art ist der Thäter noch
schärfer, allenfalls mit Gefangenschaft und körperlicher
Züchtigung zu bestrafen". Sowol den Landleuten als den
Fremden ist befohlen, Frieden zu bieten und Frieden auf-
zunehmen und nach Möglichkeit dahin zu wirken, daß es
nicht zu Schlägen und Thätlichkeiten komme. Maskeraden
sind in gehörige Grenzen gewiesen und das schon erwähnte
strenge Tanzreglement des Landbuchs ist wieder eingeschärft.
Aber auch für die Gesundheit des durstigen Publikums ist
gesorgt. Es soll keinerlei schlechtes oder unwerthschaftes

Getränk bei Fr. 46 Buße ausgewirthet werden und dem
Kläger soll die Hälfte dieser Buße zukommen. Jede
Gattung Wein soll nur mit gleicher zugefüllt werden.
(Die Verlängerung mit Wasser ist also ganz außer Frage, aber
es soll auch, wie es in einem alten Weisthum heißt, ein
einschmeckender, aufrichtiger Wein sein). Die Wirthe sollen
niemandem mehr als für Fr. 4 auf Borg oder Ding geben.

Noch vieles mehr ist verboten; ich möchte glauben zu
viel, so daß das Sittenmandat, welches die guten Sitten
fördern soll, die schlechte Sitte täglicher Gesetzesübertretung
hervorruft. Interessant müßte ein Jahresbericht über die
in Folge des Sittenmandats fällig gewordenen Bußen sein,
die trotz den vielen Uebertretungen schwerlich eine bedeutende
Höhe erreichen, obgleich überall die Hälfte dem Angeber in
Aussicht gestellt wird. Aber eben dieser letztere Punkt ist
wieder sehr bedenklich. Uri ist kein Polizeistaat; es hat
keine mit Argusaugen spürende Polizei, daher darf den
Bürgern zugemuthet werden, daß sie selbst in wohlfahrts-
polizeilicher Richtung thätig seien, aber nur so weit das
öffentliche Wohl nach allgemeinem Bewußtsein durch Handlungen bedroht ist; derartig sind jedoch durchaus nicht alle
in dem Mandat gesetzten Uebertretungen und daher wird
bei einem mit gesundem Rechtssinn begabten Volke der Reiz
zur Angeberei nicht groß sein. Nehmen wir beispielsweise
den Art. 7 des Sittenmandats, der mit großer Strenge die
Glücksspiele verfolgt und in die Drohung ausläuft: „Das
Flißlen und Oberlanden, das Roulett und Würfelspiel, sowie andere bietende Spiele sind bei Fr. 176 Strafe ver-

boten" und hinzugesetzt ist: „von allen diesen Bußen soll
der halbe Theil dem Kläger zukommen". Da das Würfelspiel überhaupt hier verboten ist, so muß es nach dem Buch-
staben des Gesetzes auch das in der Schweiz sehr gewöhnliche Würfeln um die Zeche, etwa einer gemeinschaftlich
getrunkenen Maaß Wein sein. Wenn das Gesetz sich darauf
nicht beziehen soll, ist es nicht gut redigirt. Wie nun aber,
wenn man dem ganzen Art. 7. die berüchtigte urner Lotterie
gegenüberhält? Die schweizerische gemeinnützige Gesellschaft,
welche im September 1862 in Sarnen (Obwalden) ihre
Jahresversammlung hielt, hat sich sehr einläßlich mit den
Glücksspielen in der Schweiz, ihren nationalökonomischen
und sittlichen Folgen, sowie den Mitteln zu ihrer Beseitigung
beschäftigt. Das umfassende ausgezeichnete Referat des
Doctor Etlin, Statthalters von Obwalden, ist seitdem
auch in einer Volksausgabe im Druck erschienen und wird
durch die energische Behandlung der Sache ohne Zweifel
Segen stiften. Da haben wir denn auch Genaueres über
die in öffentlichen Blättern schon oft gegeißelte Urner Lotterie
erfahren.

Im Jahr 1803 kam man auf den Gedanken der
Errichtung einer Lotterie zum Besten der Armen. Ein
gewisser Flüeler aus Stans, in Altorf wohnend, unternahm
mit vieler Mühe und unter Beihülfe einiger Freunde uneigennützig die Errichtung der Urner Lotterie „ausschließlich zum
Beßten der Armen" und die Regierung ertheilte derselben
die hochobrigkeitliche Bewilligung und Garantie. Darauf
wurde die Lotterie gegen eine jährliche Pachtsumme von

130 Gulden vergeben, welche Summe dann auf 390 Gulden und weiter auf 7200 Franken stieg, die theils an die Central-Armenpflege, theils in die Urnerische Staatskasse fallen. Gleichmäßig steigerte sich das garantirte Spielkapital, das jetzt laut Plan jährlich 3 Millionen übersteigt. An der Spitze des Planes steht immer noch „zum Besten der Armen"; das Referat ergänzt aber: „Unwillkürlich läßt sich hinzudenken, um im eigenen und andern Cantonen die Zahl der Armen und Bettler zu vermehren, denn die Armen erhalten jährlich von allen Gewinnsten nur wenige Tausend Fränklein, während die Besitzer mit ihrer Lotterie zum Besten der Armen lordreiche Leute geworden sind". Die genaue Berechnung eines deutschen in der Schweiz lebenden Statistikers hat das überraschende Facit geliefert, daß der jährliche Profit der Unternehmer der Urner Lotterie 646,918 Franken sei, oder richtiger formulirt, daß diese Lotterie das Publikum alljährlich mit dieser Summe besteure. Auf die Frage, welchen Beitrag das Institut an den Staats- oder Gemeindehaushalt leiste, lautet die Antwort, daß jene Pachtsumme von 7200 Franken auf die Bevölkerung von 14,800 Einwohnern Uri's vertheilt für jeden Einwohner 48 Centimes ergiebt. In der Sitzung der gemeinnützigen Gesellschaft kam es zu einer lebhaften Discussion; die Vertheidiger der Lotterien, die denn doch ehrlich genug waren es nur halb zu sein, wollten die Richtigkeit jener Berechnung nicht zugeben und kamen auch wieder darauf zurück, daß die Lotterien in Uri wie in Schwyz zum Besten der Armen errichtet seien. Es mußte den Zuhörern

dabei der H. Crispinus einfallen, von dem aber doch nicht
bekannt ist, daß er aus dem entfremdeten Leder auch sich
selbst Schuhe gemacht habe.

Wenn man den Geldlotterien in der Schweiz und
den noch weit schlimmeren Spielhöllen in Genf (Cercle des
étrangers) und Saxon im Canton Wallis gegenüberstellt,
daß 1518 in Schwyz jedes andere Glücksspiel außer um
Nüsse und Nidel (Rahm, Sahne, Schmant) bei 5 Pfund
Buße verboten und dieser Artikel dann dahin geändert
wurde, daß man spielen möge um Nidel oder bis um
5 Schillinge, so haben wir zwei extreme Zeitbilder.

. Der Kampf der gemeinnützigen Gesellschaft gegen die
Lotterien ist schon in erfreulicher Weise von der Seite aufgenommen, die den Sieg bringen muß, vom Volke selbst.
Der Landrath von Nidwalden hat seit 1818 den Directionen
der Lotterien von Uri und Schwyz die Ausgabe von Billets
in Nidwalden gegen eine Leistung an die Staatskasse, die
zuletzt 200 Franken für jede Ziehung betrug, gestattet und
neuestens gegen eine Summe von 1000 Franken wieder
bewilligt, um aber die öffentliche Meinung zu beschwichtigen,
beschlossen, einen Theil der Summe unter die Gemeinden
zu vertheilen. Dagegen faßte die sehr zahlreich besuchte
Gemeindeversammlung von Beckenried am 3. Mai 1863
fast einstimmig den Beschluß: der wohlweise Landrath möge
dieses Blutgeld für sich behalten, die Gemeinde Beckenried
weise ein solches Geschenk entschieden zurück. Wenn das
schweizerische Volk auf dieser Bahn fortschreitet, so hat ohne
Zweifel die nationalökonomische Behandlung der Sache in

dem genannten Referat die Augen geöffnet und der Satz, daß Zahlen die Welt regieren, kann sich hier bewähren, wie oft auch sonst die Nationalökonomen mit Zahlen Blendwerk machen. Wenn die in Beckenried gewurzelte Ansicht allgemeiner wird, so läßt sich hoffen, daß die Sparkassen in demselben Grade aufblühen als die Lotterien zurücksinken. Dieses Verhältniß scheint mir das richtige zu sein; dagegen kann ich nicht, wie es in der gemeinnützigen Gesellschaft geschehen ist, viel Gewicht legen auf die Einrichtung der Sparkassen als eines Hauptmittels zur Beseitigung der Spiellust. So lange diese eine Leidenschaft ist, bleibt das Vernünftige unbeachtet, wenn ihr aber ihr eigenes Zerrbild im Spiegel vorgehalten wird und ihr Unsinn in der Zahlenpotenz auftritt, so läßt sich auf Umkehr rechnen.

Das Leben eines katholischen Pfarrers in einsamer romantischer Berggegend kann bei den geringen Ansprüchen nach Außen, die ein solcher Geistlicher haben soll, wie ein ruhiger klarer Bach dahinfließen und mag denen, die in dem Kampfe des Lebens ringen und nach unerreichbaren Zielen streben, in seiner Abgeschlossenheit und Beschaulichkeit auch beneidenswerth erscheinen; aber der ruhige Bach war vielleicht vor Kurzem noch ein schäumender Bergstrom, der sich durchkämpfen mußte, um am Ende in ebener Ruhe sich zu verlaufen. So war das Leben des Mannes, von dem ich erzählen will, nur daß er in der Ruhe seiner letzten

Lebensperiode nicht mit vorgeschriebener mechanischer Amts-
verrichtung sich begnügte, sondern im kleinen Kreise wie ein
guter Vater unter seinen Kindern wirkte und in seiner stillen
Klause die Accorde eines früheren regen geistigen Lebens
nachklingen ließ.

Als Geißbub in Schwingen, dem Pfarrdorfe im
Schächenthal, hatte Florian Arnold eine Jugend gehabt
wie viele seiner Altersgenossen in den Gegenden der Vieh-
zucht und Alpenwirthschaft. In dem nicht kurzen Winter
konnte er einigen Schulunterricht genießen, der mit der
dumpfen Schulzimmerluft ganz harmonirte, sich aber durch
ein strenges Regiment auf die Höhe des besten Polizei-
staates erhob, indem der Schulmeister davon ausging, daß
ein junger Schweizer, der berufen sei künftig einen Bestandtheil des souveränen Volkes zu bilden, zuerst lernen müsse
zu gehorchen und daß in der Entwickelungsgeschichte der
Menschheit die Monarchie nothwendig der Republik voran-
gehe. Stock und Zepter hatten für ihn keinen qualitativen
Unterschied. Im Sommer führte Florian das Zepter, wenn
er seine Ziegen auf die Höhen trieb, machte aber oft die
Erfahrung, daß der Eigenwille, den der Schulmeister im
Winter als die Erbsünde der Menschen bezeichnete und zu
bannen suchte, auch den Ziegen im Sommer angeboren sei.
Dennoch liebte er seine Heerde und unverdrossen, oft mit
Lebensgefahr, erklomm er mit den hochstrebenden Thieren
die Felswände oberhalb der Bergwiesen und nicht selten
stieß er auf Gemsen, die verwundert waren über die Ein-
dringlinge in ihr Felsenreich.

Das Leben eines Geißbuben erscheint einförmig und ist doch wechselvoll. Wenn er an einem guten Weideplatze mit seinen Thieren angekommen ist, so mag er sich auf den Rücken legen und in die blaue Luft schauen, mag auch schwärmen, wenn ihn die Natur dazu begabt hat, aber er darf doch seine Heerde nicht lange aus den Augen lassen, denn die jungen Ziegen sind leichtfertige tollkühne Geschöpfe und wenn eins derselben von einem Felsabhange herabstürzt, so kann der arme Geißbub mit Sicherheit darauf rechnen, daß am Abend ein anderer Stab als sein Herrscherstab das Regiment führen werde. Auch die da oben ungemein ver= änderliche Witterung nöthigt ihn immer auf seiner Hut zu sein. Plötzlich dringt ein eisiger Wind von den Gletschern und Firnen auf ihn ein oder er ist in eine Wolke gehüllt, welche ihren ganzen Wasservorrath auf das arme Menschen- kind ausschüttet, das im glücklichsten Falle in einer Fels= spalte ein Obdach findet, aber auch dort von der Sorge um seine Heerde geängstigt wird. In der einfachsten Nahrung ist dagegen wenig Abwechselung.

Florian theilte die Freuden und Leiden des Hirten- standes mehrere Sommer. Sein Körper wurde dabei ge- kräftigt und auch die geistige Entwickelung stand nicht still. In dem reichen Garten der Gebirgswelt trieb er in seiner Weise Botanik und Pflanzenphysiologie und beim täglichen Anblick der Klariden und des Scheerhorns formte er sich seine Schöpfungsgeschichte und wurde Naturphilosoph. Fand sich ein Genosse zu ihm, so wußte er die Sagen, die einen so wichtigen Theil der Glaubenslehre der Bergbewohner

bilden, anmutbig zu erzählen. Vor Allem gehört in dieser
Gegend dahin die Sage von der Vergletscherung der Klart=
den. Einst waren die Höhen grasreiche Alpen, als aber
ein übermüthiger Hirt seine Mutter hungern ließ, während
er die Geliebte verschwenderisch bewirthete und sogar den
Weg zur Sennhütte für diese mit Käsen pflasterte, da ver=
wünschte ihn die Mutter und die Folge war, daß Hütte und
Alp versanken und Schnee und Eis alle Höhen bedeckten.
Dem berühmten Naturforscher Scheuchzer von Zürich, der
im Jahr 1705 ins Schächenthal kam, erzählte der dortige
Pfarrer, er habe als Knabe die Stelle aufgesucht, wo die
Sennhütte gestanden und unbesonnener Weise den vom
Berge verschlungenen Sennen beim Namen gerufen, da sei
ein solches Beben der Erde entstanden, daß er von den hin
und her rollenden Steinen beinahe wäre erschlagen worden.
Merkwürdiger Weise entbehrt ein anderer bei den dortigen
Aelplern von Mund zu Mund gehender Glaube, daß man
auf der benachbarten glarnerischen oberen Sandalp von den
himmelanreichenden Höhen Sphärenmusik hören könne,
nicht alles Grundes. Ein angesehener zuverlässiger Züricher
erstieg vor mehreren Jahren bei starkem Winde von der
Sandalp aus den Zutreibestock und vernahm plötzlich Töne
wie von einer großen Aeolsharfe. Seine Untersuchung
ergab, daß der Wind in die lose auf einander geschichteten
Schieferplatten blies und dadurch die wunderbaren Töne
hervorbrachte.

Florian hatte einen kindlichen Glauben und ein
poetisches Gemüth, welches alle diese Sagen nicht nur

erfaßte, fondern auch verschönerte. Das erschien zwar den Großmüttern im Dorfe, den eigentlichen Trägern der Sage, undogmatisch, aber der Ruf feiner befondern Begabung war begründet und als er das zwölfte Lebensjahr vollendet hatte, entstand bei feiner Familie die ernste Frage nach dem künftigen Lebensberufe Aelpler oder Pfarrer? nur so konnte die Frage lauten. Für den geistlichen Beruf trat zunächst der Schulmeister als Fürsprecher auf, indem er er= klärte, Florian könne zwar bei ihm noch vieles lernen, aber er passe nicht mehr unter die übrigen Dorfkinder; die Saat, welche unter feiner Pflege so trefflich aufgegangen sei. müsse reifen zu schöner Frucht und folglich müsse Florian Pfarrer werden. So sprach der Lehrer mit Würde und Florians Mutter war von der Richtigkeit feiner Ansicht so überzeugt, daß die Männer der Familie es bald aufgaben sich dagegen zu erheben. Florians Vater mußte zum Pfarrer, deffen Zustimmung und Vermittelung nothwendig war und fand hier ein williges Ohr, denn die Kirche hat Raum für viele Diener und der Pfarrer kannte den Satz, daß der Herr sich aus armer Leute Kindern die Stützen feines Tempels nehmen wolle. Die Ausführung des Plans stieß zwar auf eine Schwierigkeit, als sich ergab, daß die urner Freiplätze im Collegium Borromeum, dem bischöflichen Seminar in Mai= land, besetzt waren, aber der Pfarrer, der auch bereitwillig ein Jahr lang den Florian in die classischen Studien ein= führte, hatte einen befreundeten Amtsbruder in Graubünden, durch den es ermöglicht wurde, daß Florian einen grau= bündner Freiplatz in Mailand erhielt.

Ein vormaliger schweizerischer Geißbub war zwar im Collegium Borromeum keine ganz neue Erscheinung, zog aber immer die ihm nicht grade erfreuliche besondere Aufmerksamkeit der eingeschulten Seminaristen auf sich. Dem armen Florian, der ohnedies an dem jedem Schweizer natürlichen Heimweh stark litt, verleidete dies seinen Aufenthalt in Mailand anfangs gar sehr, aber er fand eine Stütze an einem Urner Landsmann, der ihn nicht bloß damit vertröstete, daß auf das Fegefeuer der Himmel folge, sondern ihm auch thatkräftig zur Seite stand, wenn Florian von den Welschen angegriffen wurde. So überwand Florian denn auch diese Zeit und fand sich in dem Organismus der Anstalt zurecht, denn die katholische Kirche hat eine große Kraft alle ihre Diener und solche, die es werden wollen, in ihre Bahnen zu lenken; es waltet ein unerbittliches Gesetz. Florian war kein schwacher Mensch, obgleich es ihm bisweilen noch recht weh ums Herz war, wenn er aus einem Traume erwachte, der ihn in's heimatliche Thal versetzt hatte — „das Alphorn hatt' ihm solches angethan". In solchen Augenblicken mußte er aber ein sicheres Heilmittel: mit doppeltem Eifer vertiefte er sich in die Studien, in denen er bei seiner geistigen Begabung große Fortschritte machte. Hierdurch zog er die Aufmerksamkeit eines der Lehrer, des Pater Benedict, eines gebornen Franzosen, auf sich, welcher in der Anstalt eine eigenthümliche Stellung hatte, indem er von den Schülern, zumal den ausgezeichneten, sehr geliebt, aber von oben her beargwöhnt war und kühl behandelt wurde. Florian konnte den Grund hiefür nicht einsehen und bemühte sich auch nicht darum, sondern schloß sich dem Lehrer mit Wärme an, dessen Zuneigung er gewommen hatte. Als Florian mehr zum Jüngling heranreifte, erkannte er bis zu welchem Grade durch Pater Benedict der Kreis seiner Ideen erweitert war und wie wenig manche dieser Ideen mit dem Geiste des Collegiums harmonirten; aber diese Ideen durchzogen damals die Welt und kein Index prohibitorum war im Stande ihre Strömung zurückzudämmen. Er mußte irre werden an seiner Tauglichkeit zum geistlichen Berufe, dem er bestimmt war, und gerieth in das Labyrinth der Zweifel, das jeden jungen Theologen für kurz oder lang erfaßt, den nicht Stumpfsinn oder die sichere Hand eines Lehrers, der zugleich väterlicher Freund ist, davor bewahrt. Diese Aufgabe stellte sich Pater Benedict nun eben gar nicht; auch verschwand er plötzlich aus dem Collegium und niemand wußte wohin er gegangen sei. Ein Jahr darauf sah ihn Florian noch einmal wieder und zwar als — französischen Offizier, als in der Nähe von Mailand die Schlacht von Marengo geschlagen war; aber das Begegnen war nur ein flüchtiges, denn die Franzosen gingen im Sturmschritt von Sieg zu Sieg.

Florians Studienzeit war zu Ende und mit einem leidlichen Compromiß zwischen den Forderungen der alten Kirche und seinen neuzeitlichen Ideen trat er an das Amt eines Pfarrhelfers heran, das er in einem romanischen Dorfe Graubündens übernehmen mußte, da er von diesem Lande einen Freiplatz in Mailand gehabt hatte. Die Erlernung der romanischen Sprache wurde ihm zwar durch seine Kennt=

156

niß des Italienischen erleichtert und die überhaupt genügsamen Menschen jener Gegend sehen nicht stark darauf, in
welcher Zubereitnng ihnen die geistige Speise geboten wird,
aber sehr erwünscht war es doch dem jungen Priester als er
seine Stelle mit der eines Pfarrhelfers in seinem Heimats-
dorfe Spiringen vertauschen konnte.

Der Pfarrhelfer von Spiringen hat die Aufgabe, im
Sommer auf dem Urnerboden, dem Arcadien der Schächen-
thaler, Gottesdienst zu halten. Das schöne Hochbal, an
zwei Stunden lang und eine Viertelstunde breit, eine große
grüne Alp mit romantisch gruppirten Hütten, rechts von
dem Wengiswald, über den sich Bergspitzen erheben, links
von der Terrasse des Zingel begrenzt, wird von dem Fätsch
durchschlängelt, der am Klausen entspringt und durch den
schönen Wasserfall nicht weit von Stachelberg im Linththal,
wo er sich dann mit der Linth vereinigt, sehr bekannt ist.
Auf einem Hügel mitten im Thalgrunde schaut aus Tannen
eine Kapelle hervor, deren Läuten lieblich harmonirt mit den
Glöcklein der Heerden. Das war nun die Stätte für Florians
priesterliche Wirksamkeit und da wo die alte Heimat ihn von
allen Seiten wieder erfaßte, durch die Erinnerungen aus
der Jugendzeit, durch die unveränderte Oertlichkeit, durch
die bekannte Sprache und Sitte der Thalbewohner, da gelang es ihm auch, seinem Berufe die rechte Liebe zuzuwenden.
Ein ungewöhnlicher Pfarrer blieb er zwar und seine Amts-
brüder hielten ihn nicht für einen Mann der stricten Ob-
servanz, aber seine Gemeinde verehrte ihn und nahm keinen
Anstoß an seinen Eigenthümlichkeiten, um so weniger, da

einige seiner besonderen Neigungen zeigten, daß er ein rechtes Kind des Gebirges geblieben war. An die alten Zeiten anknüpfend durchforschte er die großartige Natur in den höchsten Regionen und auch noch als er Pfarrer von Spiringen geworden war, setzte er die zwar etwas unkirchliche Liebhaberei an der gefährlichen Gemsjagd fort. Noch jetzt erzählt man in Uri, daß er vom Schächenthal aus das Scheerhorn erstiegen habe, was zwar von den kühnsten Gemsjägern bezweifelt wird wegen der steilen nicht zu umgehenden Felswände und der zerklüfteten Gletscher, allein es ist constatirt, daß auch ein Herr Hofmann von Basel im Sommer 1842 vom Schächenthal aus das Scheerhorn erstiegen hat.

Manches Jahr blieb Arnold Pfarrer in Spiringen. Allein er hatte seinem Körper zu große Anstrengungen zugemuthet und die Fortsetzung der Gemsjagd wurde ihm eine Unmöglichkeit. Wenn er nun sein Fernrohr nahm und zu den Schneegipfeln emporschaute, so traten ihm die Thränen in die Augen. Sein Arzt in Altorf rieth ihm der Ausbildung eines Brustleidens durch Luftveränderung entgegenzuwirken und Spiringen mit einem etwas höher gelegenen Orte zu vertauschen. Da war nun freilich keine große Auswahl, denn seinen geistlichen Beruf konnte und wollte Pfarrer Arnold nicht aufgeben; er nahm daher, obwohl zu seinem und dem Leidwesen seiner bisherigen Gemeinde, die ledig gewordene Kaplanei auf der Göscheneralp an und begann damit einen neuen letzten, aber wieder sehr eigenthümlichen Lebensabschnitt.

Es ist eine trostlose Gegend, die man anfangs zu durchwandern hat, um von Göschenen auf die Göscheneralp zu gelangen. Das sehr alte Dorf Göschenen, eine kleine Stunde von Wasen, bietet schon das Bild des Absterbens. Einst war dort ein Burgstall, von dem noch, gleich unter der Kirche, einige Spuren sich finden, und einst, vor 1000 Jahren, wurde dort im Namen des Reiches ein Zoll erhoben, aber durch die neue Gotthardsstraße ist Göschenen zur Seite geworfen. Man las in den Zeitungen vor einigen Jahren die Fabel, daß ein Dorf in Graubünden an einem schönen Morgen eine Viertelstunde von seinem früheren Standpunkte abwärts wohlbehalten und aufrecht stehend sich gefunden habe und viele Leute glaubten an dieses Bergwunder. Nicht durch ein Wunder und auch nicht in einer Nacht wandert Göschenen aus seiner Vertiefung höher hinauf, indem die Bewohner angefangen haben sich an der großen Straße bei der schönen Brücke anzusiedeln, auf welcher die Straße das Bachtobel überspringt. Während die Gotthardsstraße, das große Menschenwerk, von hier in kühnen Wendungen den langen düstern Felsenschlund, die Schellinen, durchzieht und in der Teufelsbrücke ihren Sieg über die wilde Reuß feiert, liegt in südlicher Richtung von Göschenen ein Thal bis zum gewaltigen in ewigem Schnee glänzenden runden Galenstock hin. Tod und Leben contrastiren in diesem Thale. Wenn der Wanderer bei einer Sägemühle die Göschener-Reuß überschritten hat, windet sich der Weg eine Stunde lang zwischen Gebirgstrümmern

hindurch, die im Winter und im Frühling mit den tosenden Lawinen von den Felshöhen zu beiden Seiten herab-
geschmettert werden; dann öffnet sich die Voralp, wenn
die Gegend zwischen den mit düsteren Tannen bewachsenen
Felsen diesen Namen verdient; aber auf einigen Wiesen
werden Menschenwohnungen sichbar, die freilich zum Wohnen
nicht einladen und sehr bezeichnend den Namen „Gwuest"
führen. Das Thal scheint sich bald darauf zu schließen,
aber durch eine Spalte, aus welcher die Göschener-Reuß
hervorschäumt, kann man an der senkrechten Felswand
vordringen und plötzlich, wie durch einen Zauberschlag,
sieht man die grünen Matten eines lieblichen Alpthals
vor sich, durch welches sich die Reuß, die man noch so
eben brausen gehört und gesehen hat, ruhig hindurch-
schlängelt. Zu den Seiten wechseln steile Felsen und
begras'te Abhänge; im Hintergrunde steht der Winterberg
10,000 Fuß), der große Vasall des Galenstocks; zwei
prächtige Firne, der Dammafirn und Rothfirn, steigen
bis zur Thalebene herab, so daß die grünen Matten und
der weiße Schnee sich berühren. Die Menschen, welche
sich auf der Alp angesiedelt haben, nährt nach den Ansprüchen solcher Urschweizer ihre Beschäftigung zur Genüge und wo Menschen beisammen wohnen, müssen sie
den Schöpfer verehren: in der Mitte des Thals erhebt
sich eine steinerne geweißte Kapelle, die von hölzernen
recht stattlichen Häusern umgeben ist.

Ein anderes Bild zeigt das Thal im Winter und
nicht selten ist auch im Sommer an einem Morgen die

Ebene mit Schnee bedeckt, der aber bald wieder vergeht. In der langen Winterzeit sind die Bewohner oft wochenlang von aller Welt abgeschnitten, so daß die Leichen längere Zeit eingefroren liegen, bis sie auf den Kirchhof nach Wasen gebracht werden können.

Diese Göschenen-Alp wurde die neue Stätte für Pfarrer Arnold, als er schon im vorgerücktem Alter war. Der lange hagere Mann mit dunkeln, noch immer feurigen Augen, schwarzem Haar, für das er auch außer dem Hause eine Bedeckung selten für nothwendig hielt, lebte in einer Wohnung, die außer der kleinen Küche und einem größeren Zimmer mit holzgetäfelten Wänden und Decke wenig Raum hatte. In dem Wohnzimmer nahm ein großer Kachelofen einen bedeutenden Platz ein und auf diesem Ofen hatte der Pfarrer sein Lager. Um hinauf zu kommen, setzte der ehemalige Gemsjäger, obgleich er seine sechszig Jahre trug, nur die Hände auf und voltigirte wie der beste Turner die lange Gestalt, ohne die niedrige Decke mit dem Kopfe zu berühren, auf den Ofen. Zur Bedienung hatte er eine schwarzäugige sechszehnjährige Magd, deren primitive Kochkunst dem genügsamen Manne ausreichte, und die, dem Beispiel ihres Herrn folgend, nur am Sonntage von Seife für ihr durchaus nicht unschönes Gesicht und von einem Kamm für ihr braunes Haar Gebrauch machte. Aber weltliche Eitelkeit lernte sie in dem Pfarrhause nicht. Einer meiner gelehrten züricher Freunde, der dort einst eingeschneit war, wo er in Ermangelung eines Wirthshauses beim Kaplan einkehren mußte und interessante psychologische

Studien machen konnte, erwarb sich, da er in allen tech-
nischen Fertigkeiten geübt ist, ein Verdienst um das Haus-
wesen durch Anfertignng einer Kohlenschaufel und die junge
Pfarrköchin versprach ihm von diesem Luxusartikel nach
Möglichkeit Gebrauch zu machen.

In diesem Hause eine kleine ausgesuchte Bibliothek
zu finden, die selbst einen Göthe und Schiller enthielt
und Schriften in verschiedenen Sprachen, das mußte jeden
überraschen, der des Glaubens gewesen war, die Bücherei
eines Kaplans rede nur classisches Kirchenlatein. Pfarrer
Arnold hatte sogar auf eigene Hand Englisch gelernt
nicht um es zu sprechen, sondern um auch mit der herrlichen englischen Literatur nicht unbekannt zu bleiben.
An seinem freilich theologisch nicht sehr correcten Amtsbruder Sterne fand er besonderes Gefallen und hatte nicht
nur dessen sentimental journey oft gelesen, sondern wußte
das köstlichste Stück der englischen Literatur, die Story
of le Fèvre im Tristram Shandy, auswendig. Sterne's
schönen Satz „Der Himmel schickt warmen Regen, wenn
die Schafe geschoren sind" nahm er sogar einmal zum
Text einer Predigt und seine Hirtengemeinde fragte nicht,
ob das ihrem Leben unmittelbar angepaßte Thema ein
Bibelwort sei. Bei großer Verschiedenheit hatten der
englische Vicar und der urnerische Kaplan viel Homogenes,
beide besaßen ein warmes Herz und eine große Dosis
Excentricität, und arm zu sterben wie poor Yorick, der
nur einen schwarzen Rock, ein Paar sammetne Beinkleider
und ein wenig Wäsche als Erbgut hinterließ, das war

ja auch Pfarrer Arnolds sichere Aussicht. Aber in einem
Stücke stand dieser höher als der Engländer, durch eine
rührende, wenn auch wieder excentrische Seelsorge für
seine kleine Gemeinde. Es gehörte nicht zu seinen Glaubens-
artikeln, daß die arbeitssamen Menschen freie Stunden
im Weltschmerz und Nachsinnen über ihre Sündhaftigkeit
und im Psalmensingen verbringen sollten, wozu sie auch
gar keine Neigung hatten, sondern er gestattete den Männern,
die nicht auf den höheren Alpen zurückgehalten wurden,
einen Abendtrunk zu nehmen und an den Nachmittagen
der Sonn- und Festtage beim Weine fröhlich zu sein;
er hatte auch gegen einen ehrbaren Tanz der jungen
Leute nichts einzuwenden, aber es sollte das alles unter
seiner Aufsicht bleiben, die Leutchen sollten nicht in wilde
Gesellschaft kommen und das Geld nicht auswärts tragen.
Er verschrieb daher piemontesischen Wein, wie er in Uri
allgemein getrunken wird, und schenkte ihn in seinem
Wohnzimmer zum Einkaufspreise aus. Der Tanz wollte
sich lange Zeit nicht gestalten, denn es fehlte an Musik,
da das Alphorn kein Tanzinstrument ist. Eines Tages
kam ein alter Fiedler in das Thal und da gab es ein
fröhliches Fest im Pfarrhause. Als Pfarrer Arnold dem
Jubel zusah, kam er auf den glücklichen Gedanken dem
Musikanten die Geige abzukaufen und sich von ihm einige
Tage im Spielen unterrichten zu lassen. Mit unermüd-
lichen Fleiße übte er vom frühen Morgen bis zum späten
Abend seine ungelenken Finger, wobei er glücklicher Weise
keine Nachbarn hatte, die ob solcher elementaren Musik

in Verzweiflung gekommen wären, denn der Lehrmeister
mußte die Geduld eines Musiklehrers haben und die
Pfarrköchin fand jede Musik schön, die zum Tanze führte;
sie hatte auch vor allen Mädchen des Thals den Vorzug,
in der Küche nach des Pfarrers Geige hüpfen zu können
und in dem Vorgefühl der Sonntagswonne zu schwelgen.
Schon am nächsten Sonntage producirte der Pfarrer sich
als Geiger mit einem Tanze und bei der ihm eigenen
Energie brachte er es bis zu einem halben Dutzend
kräftiger Tanzweisen. Wenn die lange gebückte schwarze
Gestalt am Ofen stand und darauf losgeigte und in dem
Pfarrhause nur glückliche Menschen zu sehen waren, war
es Sünde und Häresie oder war dies auch eine Seelsorge
eines Hirten für seine Heerde? Leider sollte dem guten
Manne seine Musikfreude bald getrübt werden: die Quinte
riß und weit und breit war keine neue Saite zu haben.
Aber vor Schwierigkeiten war Pfarrer Arnold nie in seinem
Leben zurückgeschreckt und er übte seine Tänze auf drei
Saiten ein. Als er an einem Sonntage die Messe gelesen
hatte und am Abend der letzte Ton der Saiten verklungen
war, da legte er sich zur Ruhe und ein milder Todesengel
berührte das Haupt eines Mannes, der ein guter treuer
Diener des Herrn gewesen war.

VI.

Luzern.

Die Schnelligkeit, mit welcher man jetzt durch den Dampf von einem Orte zum andern versetzt wird, läßt die Contraste in der Physiognomie zweier Städte weit mehr unmittelbar in die Augen fallen, als wenn man auf langsamerer Fahrt unter Uebergängen in der Erscheinung von Land und Leuten sachte von Ort zu Ort rückt. Diesen Vortheil des augenfälligen Contrastes gewährt denn auch die Fahrt auf der Eisenbahn von Zürich nach Luzern, die in nächster Zeit noch sehr abgekürzt und beschleunigt werden wird, während im Uebrigen die Sommerfahrt über den Zürichsee nach Horgen, der Schneckenzug des Omnibus von Horgen über den Albis nach Zug, das Hingleiten des kleinen Dampfbotes über den lieblichen Zugersee nach Immensee, die zweite Omnibuspresse durch die hohle Gasse nach Küßnacht, die dritte Seefahrt von Küßnacht nach Luzern weit interessanter ist.

Zürich, obgleich eine recht alte Stadt, und, wie der Anblick seiner ursprünglichen Gassen zeigt, vor der Erfindung des rechten Winkels gebaut, modernisirt sich von Tag zu Tag immer mehr; das alte Zürich wird bald der antiquarischen Gesellschaft anheimfallen. An die ungemeine Regsamkeit in Handel und Industrie schließt sich eine bis zum amerikanischen Schwindel gesteigerte Bauspeculation, bei welcher der Schönheitssinn sich wenig geltend macht. Zürich wird auch das Limmat-Athen genannt, man wagt sogar, troß Basel und Bern, es das schweizerische Athen zu nennen und eine buntfarbige Studentenschaft thut das Ihrige, in den Mußestunden zu zeigen, daß hier die Schule der Peripatetifer stark vertreten ist. Läßt man bei einer Wanderung durch die Straßen Zürichs das Ohr recognosciren, so könnte man glauben in Neu=Babel zu sein: mit der ein= heimischen Musik des Züri=Dütsch freuzen sich andere alaman= nische Tonarten, variiren die mannigfachen deutschen Dialecte und liefern die verschiedenen nichtdeutschen Sprachen ihre Affonanzen und Dissonanzen. Auge und Ohr müssen er= kennen, daß die Bevölkerung Zürichs eine sehr gemischte ist, und die neueste Bevölkerungsstatistik der Schweiz zeigt auch, daß die Zahl der in Zürich seßhaften Fremden (Schweizer, die nicht Cantonsbürger sind und Ausländer) in den zehn Jahren von 1850 — 1860 um 4712 sich vermehrt hat, wenn wir zu der eigentlichen Stadt Zürich die Ausge= meinden, welche als Vorstädte gelten können, hinzunehmen.

Wenn man von der Seeseite auf Luzern zufährt, so imponirt diese Stadt weit mehr als Zürich, wie ja auch schon der See einen weit kräftigeren Charakter hat als der glatte Zürichsee. Die grauen Thürme der ehemaligen Be= festigung erzählen von alter Zeit, in der „meine gnädigen Herrn" und Bürger von Luzern oft den Harnisch anlegen mußten und wo ein edler Schultheß nicht wiederkehrte aus der Heldenschlacht von Sempach. Die vielen Kirchen zeigen, daß man auf katholischen Boden kommt und geistliche Herren in langen schwarzen Röcken und mit dem specifischen Kirchen= schritt gehören zur Physiognomie Luzerns; aber diese

Physiognomie ist im Großen total verschieden in der Sommerzeit und Winterzeit. Im Sommer wimmelt es am Quai, wo die großartigen Hôtels die Frembenregion anzeigen, von Touristen aller Art; Crinolines von immenser Peripherie, vom leichten Seewind angefächelt, schweben die Promenade entlang und bizarre Männercostüme, von kühner Reisephantasie erfunden, flaniren hin und her. Sind aber die Zugvögel davon gezogen über Land und Meer, so ist Luzern wieder die alte solide, etwas schwerfällige Schweizerstadt mit Kleinhandel und langsamem Fortschritt, der wohl einmal durch einen Eckardtshandel und Verfassungsrevisions-Begehren aus dem Geleise kommt, aber doch bald zu seiner Bedächtigkeit zurückkehrt.

Einmal im Jahre wird Luzern durch einen wunderlichen National-Heiligen, den Bruder Fritschi, an einem Tage mit eben so wunderlichem Namen, dem schmutzigen Donnerstage, in rege Bewegung gesetzt, und dies mit anzusehen, entschloß ich mich im Februar 1863 hinüberzufahren zum alten Luzern, das mir auch durch liebe Freunde lieb ist. Zudem lockte es mich, den Vierwaldstättersee einmal im winterlichen Kleide zu sehen und dieser Winter war so heiter und so mild, daß wohl eine Reiselust entstehen konnte.

Es war viel Schnee gefallen, der in Tessin Verderben brachte, hier aber nur der großartigen Landschaft einen zauberischen Glanz verlieh. Nicht nur die vielen Kulme, Hörner und Spitzen blinkten im Sonnenschein, sondern die weiße Gewandung der Berge, welche den See einschließen,

reichte bis an den immer eisfreien tiefgrünen Seespiegel
herab, zur Linken der Rigi mit seinen runden weichen
Formen, zur Rechten der zerklüftete eckige Pilatus, ohne die
bedrohlichen Wetterzeichen, durch die er im Sommer so
regelmäßig Furcht einflößt, und scheinbar weit näher heran=
getreten, als wollte er auch zuschauen dem fröhlichen Leben,
das sich in seiner Nachbarstadt entfaltete.

Am Vorabend des Festes war im Theater der regel=
mäßige Maskenball, zu welchem nur oder fast nur die
Frauenwelt verkleidet erschien. Zwischen den vielen bunten
schweizerischen Nationaltrachten bewegte sich eine große Zahl
von Waldbrüdern in langer schwarzer Soutane und Kutte.
Dieses Costüm, sehr geeignet unkenntlich zu machen, ist bei
den Luzernerinnen üblich statt der Dominos und niemand
nimmt Anstoß daran, daß die weiblichen Waldbrüder eben
so tapfer tanzen wie die Unterwaldnerinnen und die
Mädchen aus den Entlebuch. Von diesen hatten es einige
verschmäht eine Larve vorzubinden und sie hatten recht
daran gethan, denn die frischen blühenden Gesichter paßten
so vollkommen zu der hübschen Landestracht. Wie die
ganze Fastnachtfeier allgemeine Sache der Bevölkerung der
Stadt ist und die Landschaft sich anschließt, so kann die an=
gesehenste Luzernerin an diesem Maskenballe theilnehmen,
denn das zweifelhafte Demi-monde der Großstädte fehlt
in Luzern und von der treuherzig dareinschauenden Ent=
lebucherin wird sich die Städterin gern die Hand drücken
lassen. Der gemeinsame Dialect, den Städterin und Bäuerin
zur Herzenssprache haben, so daß das Hochdeutsch eben so

sehr eine fremde Sprache ist als das Französische, verhindert eine strenge ständische Gliederung. Die vornehmen Zürcher-innen reden zwar auch unter sich das Züri-Dütsch aber die Bevölkerung Zürichs ist weit gemischter und in Zürich wäre die allgemeine Theilnahme an einem solchen Maskenball eine Unmöglichkeit.

Der „schmutzige" Donnerstag, so genannt, weil Schmutz in der Schweizersprache Fett oder Schmalz bedeutet und das materielle Leben in Form des Bratens und Küchelns an ihm den höchsten Gipfel erreicht, um auf die magere Fastenzeit vorzubereiten, heißt auch wegen dieser Ueppigkeit der „fette" Donnerstag. Die Russen haben für denselben Zweck die „Butterwoche".

Das Vorspiel zur großen Tagesfeier des schmutzigen Donnerstags übernimmt die luzerner Knabenwelt. Als bunt costümirte Tirailleurs durchziehen die herangewachsenen Knaben in Colonnen mit Trommelschlag die Straßen und kleine Bajazzos und Pritschmeister vagiren kreuz und quer in unbändiger Heiterkeit und zu allen Neckereien aufgelegt. Gleich nach Mittag beginnt der große Zug, der seit Jahr-hunderten ein historisches Bild voranstellt, nach welchem das Ganze der Fritschizug genannt wird. Auf einem sehr großen von starken Pferden gezogenen Wagengestell ist eine Bühne errichtet, welche die Wohnung von Bruder Fritschi nebst Familie und Hausgenossen vorstellt. Alle tragen die luzerner Farben, Weiß und Blau, und Fritschi und Frau haben unge-heure Larven. Von Zeit zu Zeit tanzt Fritschi mit seiner Alten ein zierliches Menuett und die Amme, das Fritschi-

kind (eine große Puppe) hätschelnd, hüpft ihr Solo daneben.
An dieses Hauptstück des Festzuges, auf welches ich später
zurückkommen will, schließen sich von Jahr zu Jahr wechselnde
Scenen und Maskengruppen. In diesem Jahr entfaltete
sich als großes Bild das Zurückweichen der Rothhäute vor
der Cultur der Weißen. Zunächst zeigte sich aber das
Indianerleben im vollen Glanze. Eine große Zahl von In-
dianern im braunen Tricot, für deren Bekleidung sämmtliche
Kürschnerläden von Luzern und Umgegend geplündert waren,
theils zu Pferde theils zu Fuß, bildeten eine malerische imposante Gruppe. Die Pferde hatten zwar mit Schlachtrossen
indianischer Häuptlinge wenig Aehnlichkeit und Reiter und
Roß waren sich nicht immer einig, so daß ein Reiter bisweilen
in augenscheinliche Gefahr kam, da die neuen eidgenössischen
Cavalleriesättel nach dänischem Muster, welche das Herab-
fallen unmöglich machen sollen, hier noch nicht zur Anwendung
gebracht waren. Ein alter reicher Burger, der manchen
fröhlichen Fritschizug mitgemacht hatte, zu Pferde und zu
Fuß, jetzt aber durch Wohlbeleibtheit und Podagra zu einer
unliebsamen Ruhe verdammt war, hatte lange gesonnen, wie
er doch „in dem Ding" sein könne und glücklich das Mittel
gefunden, wodurch er nicht nur seine historische Sehnsucht be-
friedigte, sondern auch seinen Musik-Enthusiasmus kund gab.
Er ließ sich auf einem Wagen eine stattliche Bühne zimmern,
mit einem Thronsessel in der Mitte in Form einer ungeheuren
Muschel und da saß er nun als alter Indianer mit einer
großen Trommel vor sich und „mit dumpfem Klang schlug er
das Fell", accompagnirt von primitiven Blasinstrumenten

kleiner Musikanten, die am Fuße seines Thrones kauerten. Andere Gruppen bildeten die Trappers, Yankees und Hinter= wäldler und während des Zuges sah man auf einem Wagen= gestell im Waldesschatten eine Blockhütte entstehen, in der schon die Frau am lodernden Feuer Maiskuchen buck, die von der gierigen Kinderbrut verzehrt wurden. Die plastische Kunst hatte ihren Gipfel erreicht in der colossalen Figur des indischen Götzen „Kirlki", der von vier wunderschönen Stieren gezogen wurde. Der Götze mit vier Armen war so groß, daß er in die Belle=Etage der Häuser hineinschaute und die indianischen Krieger, welche seine Bedeckung bildeten, obwohl die stattlichsten Leute, zwergartig erschienen.

Als der Zug seine große Rundreise beendigt hatte, wur= den auf dem Rathhausplatze Kampfspiele und Tänze der Roth= häute mit großer Gewandheit aufgeführt und Pfeile abgeschos= sen nach schönen Feindinnen an den Fenstern umher; ein Trap= per fing mit seinem Lasso ein kleines Bäuerlein und der Jubel wollte nicht enden, bis die Sonne unterging und mahnte die Festfreude jetzt in die Häuser zu verlegen, was denn auch mit Libationen und Tanz geschah bis der Morgen wieder graute.

Die Idee dieses Lebensbildes aus dem fernen Westen war so einheitlich und trefflich durchgeführt, daß, als ich einige Monate später bei dem Frühlingsfeste in Zürich, dem „Sechseläuten", weit größeren Kostenaufwand und Glanz in den Costümen, den Equipagen und den eleganten Reitern sich entfalten sah, ich nicht umhin konnte dem luzerner Feste den Vorzug zu geben, das auch durch das zuschauende Pu= blikum, weil in ihm die Landbevölkerung mit den malerischen

Landestrachten der Mädchen und Frauen stark vertreten war, mehr Relief hatte.

Aber in einem wesentlichen Stücke ist der luzerner Fritschizug schon degenerirt und zwar in seinem historischen Kern. Fritschi und Ehegemahl sollten nach altem Brauch zu Pferde erscheinen und von Reisigen in alter Tracht des Mittelalters begleitet sein; statt dessen bildeten dieses Mal die Escorte des Wagens berittene — Zuaven, da doch gewiß die alten Rüstungen in Luzern noch vorhanden sind und auch Leute, welche dieselben tragen können. Fritschi ist in der Geschichte des fastnächtlichen Luzerns eine so interessante Person, daß man ihm sein altes Recht lassen sollte. Aus den Chroniken erfahren wir folgende Tradition.

In der Nähe der Stadt, an der Halde, lebte zu Ende des fünfzehnten Jahrhunderts ein Mann Namens Fridli, der in seiner Jugend die burgundischen Kriege mitgemacht hatte. Obgleich er in Luzern verbürgert war, kam er das Jahr hindurch selten in die Stadt, aber nie fehlte er am letzten Donnerstag vor der Fastnacht; da stellte er sich bei seiner Zunft zur Saffran ein, war wieder der alte tolle Kriegsknecht und freigebig bis zur Verschwendung, so daß er der Held des Tages wurde und als „Bruder Fritschi" die Seele des Festes. Da ihn der Gedanke traurig machte, doch einmal zum Fastnachts-Appell nicht mehr erscheinen zu können, so suchte und fand er ein Mittel sich fortleben zu lassen: er vermachte seinen aus Buchs gedrechselten und mit Silber gezierten Pokal, aus dem man so oft Bruderschaft getrunken hatte, der Zunft, mit der Bedingung, daß alljähr-

lich am schmutzigen Donnerstage bei dem kreisenden Humpen
seiner gedacht werde, und zwar sollte einer aus der Zunft
unter seiner Maske, von lustigen Spielleuten begleitet, durch
die Stadt ziehen, ein Anderer den Pokal tragen und jeder
durstigen Seele, ob reich oder arm, einen Trunk aus dem
Freudenbecher, der fortan der „Fritschikopf" genannt wurde,
reichen; auch sollte die Gesellschaft der Zünfter in blanken
Harnischen und mit glänzenden Waffen ihn, den alten
Kriegsmann, in der Person seines Darstellers, von seiner
Wohnung an der Halde abholen und dahin zurückgeleiten.
Treu und gern haben die Luzerner lange Zeit den letzten
Willen des alten Zechers erfüllt. An den Saffranzunft
schloßen sich die übrigen Zünfte bereitwillig an. Voran im
Zuge gingen muntere Knaben in kriegerischem Schmuck, es
folgten Jünglinge und Männer in Harnischen, mit Spießen
und Hellebarden, der Fähndrich mit dem Zunftpanier, der
Weinschenk mit dem „Fritschikopf", begleitet von einem Gesellen mit einem vollen Weinfaß, der Hauptmann der Rotte
in stählerner Rüstung zu Pferde; dann kam Bruder Fritschi
nebst Frau, beide wacker beritten und beide in Weiß und
Blau, mit großen Larven; den Schluß machten Gruppen
von Bürgern, welche Scenen aus der vaterländischen Geschichte darstellten. Wenn der Umzug durch die Straßen
bei dem Zunfthause angekommen war, lagerte man sich an
der Tafel, auf welcher der Fritschipokal paradirte und:
„Hie Fritschi, hie Luzern!" war die Losung.

Als so der Name Fritschi sich mit der Fastnachtsfeier
identificirt und Luzern den Ruhm hatte die lustigste Fastnacht

zu besitzen, da wurde es von den Nachbarn beneidet, aber die Nachbarn machten ihrem Neide in einer Weise Luft, welche nur dazu beitrug den fröhlichsten freundnachbarlichen Verkehr herbeizuführen. Einmal geschah es, daß die nächsten Nachbarn, die Männer von Uri, Schwyz und Unterwalden den Bruder Fritschi „heimlich in einem Schimpf (d. i. Scherz, Kurzweil) und guter Freundschaft" entführten. Die Luzerner durften nicht säumen den geliebten Helden zurückzuholen und dies veranlaßte ein großes Freudenmahl, das, wie ein Chronist sagt, den vier Waldstätten gewiß nicht übel hat „erschossen". Dasselbe Manöver soll sogar mehrere Male gemacht sein, in großartiger Weise aber von Basel, worüber die schöne Chronik des Luzerners Diebold Schilling ausführlich berichtet: „Da nun die strengen, festen, fürsichtigen und weisen Bürgermeister, Rath und eine ganze Gemeinde von Basel mit gemeinen Eidgenossen in ewige Bündniß und als ein Ort zu ihnen gekommen, hätten sie allwegen meine Herren von Luzern voraus, auch die andern drei Waldstätte gern zu ihnen gen Basel auf ein Fasnacht gehabt, ihre Freundschaft und Bündniß damit zu bestäten, als fromme gute Eidgenossen, wußten darauf solches nicht mit bessern Fugen zuwege zu bringen, wann daß einer, genannt Heinrich zum Hasen, Burger von Basel, gen Luzern geschickt wurde. Dem ward ernstlich empfohlen, Bruder Fritschi zu stehlen und gen Basel als einen Uebelthäter ins Gefängniß zu legen, was auch beschah. Und so ward der arme alte Burger von Luzern, Bruder Fritschi, heimlich bei Nacht

und Nebel der löblichen Stadt Luzern wider alle kaiserlichen Freiheiten, auch seiner Gesellschaft, aus einem Gericht in das andere entfremdet und geführt; doch von
denen von Basel meinen Herrn von Luzern dabei im
nächsten Maien ein Fasnacht verkündet, um den Ihren
zu lösen und dazu wurden die andern drei Waldstätte
auch berufen".

Als nun so die Freiheit der Stadt Luzern, daß
keiner ihrer Bürger vor ein fremdes Gericht gebracht
werden durfte (Privilegium de non evocando), von den
Baslern verletzt war, entstand ein in allen Förmlichkeiten
gehaltener humoristischer Notenwechsel zwischen Schultheiß
und Rath von Luzern einerseits und Bürgermeister und
Rath von Basel andrerseits. Erstere schrieben am Tage
der Geburt Mariä des Jahres 1508 nach Basel, daß
man, falls der in Aberwitz gefallene und bei Nacht und
Nebel verschwundene Bruder Fritschi oder Fatschi nicht
so alt wäre, wohl hätte vermeinen mögen, derselbe wolle
sich, wie er vormals mehr gethan, mit einem Gemahl
versehen; nachdem man aber vernommen, daß er sich in
Basel, allwo man ihm gütlich thue, sehr wohl gefalle,
verlange seine Freundschaft samt seinen Zunftbrüdern so
sehnlich nach ihm, daß es möglicher wäre, den Rhein ob
sich zu kehren, als seine Abwesenheit länger zu gedulden,
und der Rath werde darum zur Wiedergewinnung seines
ältesten Bürgers alles in Anwendung bringen, was er
schuldig sei. „Wann aber", lautet das einem Fehdebrief
ähnliche Schreiben weiter, „aus solchem Unternehmen ein

großes Weinvergießen entspringen möchte, so will es uns
nicht geziemen, unbewahrt unserer Ehren ein solches für=
zunehmen, sondern vorher zu warnen; darum haben wir
Euer Lieb solches nicht wollen verhalten und verkünden
dero, daß wir auf Freitag nach des heiligen Kreuzes
Tag, zu Pferd, zu Schiff und zu Fuß, mit anderthalb=
hundert Mann ungefähr, aus und zu Euch ziehen, am
Samstag zu frühem Nachtmahl Euch anzugreifen und
unterstehen, den bemeldten unsern Bürger zu erobern
und zu unseren Handen zu bringen".

Die galanten Basler, Bürgermeister und Rath, er=
wiederten „daß sie darob gar kein Erschrecken, sondern
ein herzliches Wohlgefallen empfangen hätten. Die Herren
von Luzern sollten mit standhafter Begierde und mit dem
besten Gezüg erwartet werden, das tief eingegraben und
in großen und kleinen Stücken vorräthig liege. Dem Spruch
der Altvordern gemäß „je mehr Feinde, je mehr Ehren" sei
das Begehren der Stadt Basel, daß auch die Brüder von
Schwyz, Uri, Unterwalden und Zug zu dem Feldstreit be=
rufen werden möchten. Man wollte sie würdig empfangen,
ob auch ein Weinvergießen und Stahelwetzen mit samt
dem Halsabwürgen und Hühnerstechen, oder was immer
folgen möge. Der Rath von Basel hoffe aber, daß wenn
alle beisammen seien, durch den Bruder Fatschin eine Ver=
mählung ewiger Freundschaft vermittelt werden solle".

Die Gäste vom großen See kamen nun, anderthalb=
hundert an der Zahl, darunter die beiden Schultheiße und

achtzehn Rathsherrn von Luzern und Botschafter von Uri und Schwyz, zu Schiff bis an die Birs, wo sie feierlich von dem Bürgermeister Peter Offenburg zu Pferde nebst Rathsherrn zu Fuß und den Abordnungen der Zünfte empfangen wurden. Als der Zug bei dem Gerichtshause vorüber kam, in welchem Bruder Fritschi verfestet war, „hat dieser seine lieben Freunde mit freundlichem Nicken empfangen, darob sie ein großes Gefallen gehabt". Auf dem Kornmarkte fand die Sammlung des Zuges statt und auch der befreite Bruder Fritschi von Bürgermeister und Rathsherrn geleitet erschien wieder bei den Seinen.

Die Bewirthung der Gäste in dem üppigen Basel war natürlich glänzend. Sie hatten regelmäßig ihren Imbis auf den Zunftstuben, wohin auch ihnen zu Ehren der Bischof und etliche andern Prälaten und Domherrn geladen wurden; auch wurde am Sonntage ein „erlicher Tanz" auf dem St. Peters Platz gehalten, wohin ein Faß Wein geführt war, und den Frauen wurde dort ein Abendbrod mit Confect gegeben. Am Montag war ein Gesellenschießen. Zu den großen Massen des Weines, der vom Rath und der Stadt gespendet wurde, kamen auch etliche Kannen mit Malvasir, welche der Bischof von Basel verehrte und ein halbes Fuder Wein des Abtes von Lützel. „Ist alles ufgangen", sagt ein basler Beschreiber dieser Herrlichkeit. Beim Abzuge der Eidgenossen hat ein Brauknecht den Bruder Fritschi getragen, „der ist von Leib stark, aber nicht sehr witzig gewesen". Der Rath von Basel beschenkte ihn noch mit einem Rock und einem Paar Hosen, wozu 10 Ellen

lunbisch Tuch genommen waren und die Eidgenossen, mit
denen er fortzog, schenkten ihm auch einen Rock.

Ohne Zweifel war es nicht mehr der Bruder Fritschi
selbst, der sich nach Basel entführen ließ, sondern ein durch
dessen Maske qualificirter Repräsentant, wie er noch alljährlich auftritt. Wie populär der Name Fritschi auch in der
Umgegend Luzerns geworden und mit Fasching indentificirt
ist, zeigt sich darin, daß man wie in Luzern auch in Altorf
den Mann, der für den schmutzigen Donnerstag das Fest
arrangirt, den „Fritschivater" nennt.

Wie viele Faschingsfeiern auch in der katholischen
Schweiz an demselben Tage existiren, Luzern hat in seinem
Fritschi den Vorzug des historischen Alterthums und man
sollte dort, wie ich schon andeutete, den Heros wieder in seine
alten militärischen Ehren einsetzen, denn wenn ein alter Fest-
brauch in seinen Formen abgeschwächt wird, ist auch die
Gefahr vorhanden, daß unsere nivellirende Zeit ihn ganz
beseitige. Das Grenzjahr der alten und neuen Schweiz, 1798,
hat schon mit vielen fröhlichen Festen aufgeräumt, unter
Anderem mit einer Einrichtung am schmutzigen Donnerstage
in Zug, die auch ein juristisches Interesse hatte. Es bestand
dort eine sich selbst constituirende und ergänzende Gesellschaft unter dem Namen „Großmächtiger Rath", aus dem
vierzehnten Jahrhundert her. Die Autonomie dieses Rathes,
der auf der einen Seite die Zwecke einer lustigen Genossenschaft verfolgte, auf der andern Seite eine sitten-
richterliche Gewalt ausübte, wurde allgemein anerkannt.
Alljährlich am schmutzigen Donnerstage wählte die Ge-

sellschaft auf dem Gerichtsplatze unter der großen Linde ihren „frommen ehrlichen" Schultheißen und sonstige Beamten, welche sonderbare Namen führten: der Isengrind, das Hünerbrett, der Judenspies, das Leiterli. Zu den Einkünften des Schultheißen gehörte, daß jeder, der in dessen Amtsjahre eine Frau freite, die 200 Pfund mitbrachte, ihm ein Paar Hosen, wer weniger durch die Frau bekam, ein Paar Schuhe verehren mußte. An Festtagen zogen die Mitglieder der Gesellschaft „in die Häuser frei, zu ersuchen, was kochet sei". Hinter dem Humor blickte aber auch bisweilen der Ernst hervor; wenn eheliche Untreue und Unzucht zu rügen waren, so wurden Strafen von neckender und beschämender Art verhängt.

Eine ähnliche, ebenfalls jetzt verschwundene Gesellschaft war in Rapperswil unter dem Namen „Knabenzunft", auch „unüberwindliche Gewalt der Junggesellen". Diese Gesellschaft hatte ihren Schultheißen, Fähnrich, Stubenmeister, Weibel und Trommelschläger, sogar ihren Vicar und hielt zu Fastnacht Umzug und Tanz. Wenn sie als Sittengericht auftrat, bestanden die Bußen in Wein.

Ein rechter Fasching gedeiht nur auf katholischem Boden; es hat sich aber auch an reformirten Orten der Schweiz eine Fastnachtfeier erhalten. In Basel durfte sie nicht abkommen, weil sich dann eine Hauptleidenschaft der basler Jugend, das Trommeln, in höchster Potenz zeigen kann. An manchen Orten werden große vaterländische Schauspiele im Freien aufgeführt, Schillers Tell, historische Dramen einheimischer Dichter, wie Bornhausers Gemma von Arth; die Alpenhütte, mit großen Scenen aus der Schreckenszeit Unterwaldens im Herbst 1798. Zu Stäfa am Zürichsee wurde in der Fastnacht von 1863 der ganze Bauernkrieg von 1653 in Scene gesetzt, wobei die Action überwiegend war, indem 400 Personen, Infanterie, Cavallerie und Artillerie, dazu verwendet und verschiedene Gefechte regelrecht ausgeführt wurden. Solche Aufführungen, die stets ein dankbares Publikum von Tausenden haben, nehmen meistens den ganzen Tag in Anspruch, da den Darstellern und dem Publikum zur Erfrischung längere Pausen gegeben sind. Die Schauspieler und Schauspielerinnen, meistens aus der ländlichen Jugend, haben regelmäßig ihre großen Rollen trefflich gelernt und ein Kritiker darf an einem zu großen Pathos keinen Anstoß nehmen, so wenig als an der nicht immer correcten Declamation, da das Hochdeutsch den Darstellern eine fremde Sprache ist. Da diese vaterländischen Schauspiele die Vaterlandsliebe nähren und heben, indem sie das Bild der Altvordern aus der Heldenzeit vor Augen stellen, so ist das Interesse für dieselben von Jahr zu Jahr in der neuesten Zeit im Steigen begriffen. Noch unmittelbarer werden Stücke der Geschichte reproducirt durch die Aufzüge an den berühmten Schlacht- und Siegestagen am Orte der That. So ziehen alljährlich am 17. Juni die Appenzeller nach dem Stoß, einem Weiler mit Kapelle bei Gais, um einen der merkwürdigsten Siege (1405) in der Kriegsgeschichte der Schweiz zu feiern.

Auch die Gegenwart findet ihre Beurtheilung bei den Fastnachtsfeiern und die Geißel einer plastischen Satire

wird wacker geschwungen. Basel persiflirte letzthin einen
großen Bankschwindel in köstlicher Weise, aber es hat doch
wohl Schwyz in diesem Jahre die Palme verdient durch
Aufführung eines auch im Druck erschienenen großen Dra-
ma's: „Die Schweiz in Japan. Großes japanesisch-
schweizerisches Hof- und Volksfest in Jeddo-Schwyz, an den
Faßnachtstagen vom 12. und 17. Februarin 1863. In
fünf Acten und einem Zustupf". Anknüpfend an die Reise
der japanesischen Gesandten in Europa, die aber nicht in
die Schweiz kamen, ungeachtet der Geschenke, die man ihnen
von Bern aus entgegenschickte, weil der Taikun noch nicht
mit Sr. Majestät dem Präsidenten der Schweiz in ein
Bündniß getreten sei, — und an die in der Schweiz nicht
überall nothwendig befundene Ambassade der Schweizer
nach Japan, hat der Dichter Sinn und Unsinn mit Carne-
valsfreiheit mischend Tagesereignisse von nah und fern und
das Schachspiel der Politik durchgenommen. Er läßt den
Wortführer der schweizerischen Gesandschaft am japanesischen
Hofe, bevor er die Geschenke übergibt, so peroriren:

„Die Welt theilt sich in Bremser und Heizer,
Unter den letztern sind die besten die Schweizer.
Ihr Land ist wie bei Euch
Ein prächtiges Inselreich.
Im Westen da ist das Meer der Franzosen,
Lauter Wallfische mit und ohne Hosen,
Regieret alljetzt durch Hai den Dritten,
Der für die Freiheit so Vieles gelitten.
Er war bei uns in die Schule gegangen,
Hat später das G'schäft für sich selber ang'fangen.

— Im Süden da ist das Meer der Italiäner,
Unruhige Fische, fürschützige Schnapphähner,
Die zur Stunde noch wissen nicht recht:
Ob Adler, ob Specht,
Ob Karpf oder Hecht".

Und so geht es weiter, doch — ein politisch Lied, ein
leidig Lied — ich will mein Thema von den schweizerischen
Volksfesten zu Ende führen.

Der Sommer bringt unzählige cantonale und locale
Schützen= und Sängerfeste und Jahr um Jahr wechseln
ein eidgenössisches Schützenfest und Sängerfest mit einander.
Seit Tell den großen „Zweckschuß" that, ist das Schießen
den Schweizern zur Leidenschaft geworden, auch in den
Cantonen, in denen, wie im Canton Zürich, wenigstens
drei patentirte Jäger auf einen Hasen kommen und schon
am Tage vor Eröffnung der Jagd das Lager des armen
Lampe umstellt haben. Die Jagd ist in der Schweiz durch=
aus nicht das praktische Motiv zu dem Schützeneifer, der
nicht nur schon die Knaben ergreift, sondern auch auf die
Frauen übergeht. Regelmäßig liest man in den Zeitungs=
berichten von weiblichen Schützen, die sich mit Erfolg an
den localen Schützenfesten betheiligen. Aus Uri meldete
zwar das Amtsblatt 1860, im Landrath sei die aufge=
worfene Frage, ob Weibspersonen zum Schießen auf den
Schießständen berechtigt seien, verneinend entschieden wor=
den, allein man scheint sich im Volke an diese sittenrichter=
liche Stimmung der Landesväter nicht sonderlich zu kehren.
Als im Herbst 1862 nach beendigter Alpsaison in Unter=

ſchächen, dem lieblichen Pfarrdorfe im anmuthigen Schächenthal, ein Wettſchießen veranſtaltet wurde, waren die Männer
ſo uneigennützig den Frauen und Mädchen eine freie Con-
currenz zu geſtatten und es gab ein ſehr belebtes, maleriſches
Schützenfeſt; die alten Felſen rechts und links jauchzten in
Echos mit den fröhlichen Menſchen und der Tanz am Abend
belohnte die jungen Burſchen reichlich für das Zugeſtändniß
an die Emancipation der Frauen. Dieſe hatten nicht nur
zahlreich ſich an dem Schießen betheiligt, ſondern auch durch
feſten Arm und ſichern Blick gezeigt, daß die Frauen vieles
als Naturgabe haben, was die Männer erſt in der Schule,
ſei es der Logik oder des Lebens, erlernen: der erſte Preis,
beſtehend in einer jungen Ziege, und auch die dritte und
vierte Schießgabe wurde von weiblichen Schützen gewonnen.
Als ſtattliche Schützin kennt man auch Frau Urſula In-
fanger, Gaſtwirthin im Iſenthal.

Die großen Schützen- und Sängerfeſte, ſo bedeutend
ihr Nutzen iſt und ſo ſehr ſie dazu dienen, das Bewußtſein
der Schweizer „ein einig Volk von Brüdern" zu ſein wach
zu erhalten, haben in neueſter Zeit eine ſehr üble Schatten-
ſeite angenommen. Die Schützenfeſte, denen hohe Preiſe
und Ehrengaben aus allen Weltgegenden, wo nur Schweizer
wohnen, zuſtrömen, dienen zu ſehr den Erwerbszwecken.
In alter Zeit war ſehr gewöhnlich ein Paar Hoſen der zu
erringende Preis. Nach einer basler Ordnung für die
Büchſenſchützen, von 1466 beſtand der erſte Gewinn bei
einem Schießen in einem Paar Hoſen, zu deren Anſchaffung
der Rath einen halben Gulden beiſteuerte. Jetzt verdient

ein in der besonderen Art des Scheibenschießens gut ge-
schulter Schütze nicht selten 1000—2000 Franken bei einem
Schützenfeste. Auch bei den schönen eidgenössischen Sänger-
festen ist neuerdings durch die Wettgesänge eine Kehrseite
sichtbar geworden, ein sehr empfindlicher Ehrgeiz und dadurch Disharmonie, wo man grade am meisten Harmonie
erwarten sollte. Ferner bringt auch der durch die Eisen-
bahnen so sehr erleichterte Verkehr beide Arten von Festen
in die Gefahr zu massenhaft zu werden. Kleineren Orten
ist es kaum mehr möglich ein solches Fest zu übernehmen
und es verdient wohl Bewunderung, daß Stans durch sein
Schützenfest 1861, Chur durch das Sängerfest 1862 ihre
Aufgabe dennoch so zu lösen wußten, daß die Tausende der
Theilnehmer mit Schwärmerei der schönen Tage gedenken.
Nur durch das in langer Uebung zur Virtuosität gesteigerte
Festorganisationstalent der Schweizer ist es möglich die
große Maschine so in Gang zu bringen und zu erhalten,
daß nichts einfacher erscheint als ein solches Fest.

An der so eben angedeuteten Gefahr mußte aber doch
der große Gedanke eines hochgestellten genialen schweizerischen Staatsmannes scheitern, der vor einigen Jahren
den Vorschlag machte, die eidgenössischen Schützen- und
Sängerfeste zu vereinigen und dem gemeinsamen Feste auch
die sonstigen echtschweizerischen Kampfspiele, wie sie die
innere Schweiz hat, und das Turnen einzuverleiben. Ohne
Zweifel stand ihm das Bild der olympischen Spiele vor
Augen und hatte er die classische Reminiscenz, daß der
delphische Gott auf die Frage des Iphitos, wie dem durch

innere Zwietracht der Stämme und Staaten von Hellas
entstandenen Unglück zu steuern sei, antwortete, er habe den
olympischen Agon zu erneuern. Der schweizerische Staats-
mann bedachte, daß den „tieferen Differenzen" der Cantone
und der Parteiführer durch das zu einem solchen Feste
vereinigte Schweizervolk ein Gegengewicht gegeben werden könne.

Luzern ist eine wasserreiche Stadt. Nicht nur spiegelt
sie sich in dem großen See, sondern wird auch von der aus
dem See herausgetretenen Reuß durchströmt und in zwei
Hälften getheilt. Erklärlich ist es daher, daß die Luzerner
sich bisweilen in seemännischen Neigungen ergehen. Als
im späteren Mittelalter die Verschickung auf die Galeeren
nach Italien eine gewöhnliche Strafe in der Schweiz war,
wollten die Luzerner diese Umständlichkeit vermeiden und
richteten sich selbst eine Galeere ein, freilich nicht für schwere
Verbrecher, sondern für liederliche Gesellen „die nur ander
Leut ansetzen, alles verludern, nichts arbeiten". Vor
einigen Jahren wurde dort auch in allem Ernste bei der
Berathung über Reformen im Strafrecht die Deportations-
strafe vorgeschlagen; da aber Luzern bis jetzt noch keine
überseeischen Eroberungen gemacht und kein luzerner See-
fahrer eine Insel entdeckt hat, so ist die Ausführung dieser
Strafart in die Zukunft verlegt.

In alter Zeit hatte Luzern eine Marine und die Geschichte meldet von Seeschlachten auf dem Vierwaldstättersee.

Vor der Schlacht bei Morgarten (1315) stand Luzern auf
österreichischer Seite und hatte deshalb mit den benachbarten
Waldstätten Unterwalden, Uri und Schwyz manche kleine
Fehde durchzumachen. Melchior Ruß erzählt in seiner
Chronik, eines Tages seien die von Luzern mit zweien
Nauen voll englischer frischer guter Gesellen von dem luzer-
ner Gestade ausgefahren, hätten ihre Knechte bei Buchs
ausgelassen und oberhalb am Berge etliche Häuser anzünden
lassen, damit sie meinten, die Feinde zu reizen, sie seien
aber vertrieben worden. Darnach haben die Berg- und
Waldleute ohne Verziehen zusammen gelesen bei fünfzig
Nauen und Schiffe, darunter war gar ein großes spitziges
eichenes Schiff, das man nannte die Gans, so derer von
Uri war, gar ein streitbar werlich Schiff und fuhren gen
Luzern, wo sie mit Pfeifen, Pauken und großem Geschrei
landeten. Es entstand ein großes Scharmützel, in welchem
viele der Feinde erschlagen wurden und als die Feinde die
todten Leichname liegen sahen, kehrten sie sich vor Schrecken
in die Flucht, schneller als die Adler des Himmels sind
eilten sie wieder zu ihren Schiffen und haben das Erdreich
verlassen. Die Luzerner fuhren ihnen aber nach, mitten
unter die Schiffe der Feinde, jedoch ohne entschiedenen Sieg,
von einer Seite verloren beide Theile viele Leute „und
brachten zu beiden Theilen nicht viel Lobes mit ihnen heim.“

Etwas später scheint folgende Affaire zu sein, in welcher
das Admiralschiff der Luzerner die Gans, das Hauptschiff
der Urner der Fuchs genannt wird. Unvermerkt kamen die
Luzerner in einer Nacht auf ihrem mit aller Kriegsbereit-

schaft wohlgerüsteten Schiffe bis unter den Thurm von
Stansstad, dem einzigen Landungsplaße, denn die von
Unterwalden hatten allda den See mit Schwirren (Pfählen)
verschlagen. Die Wächter des Thurmes wurden des
Schiffes erst gewahr, als es grade am Thurme zuländete,
und zündeten schnell große Harzfackeln an, um dem Land-
volke ein Sturmzeichen zu geben, ließen es aber dabei nicht
bewenden, sondern warfen einen großen Mühlstein, der oben
im Thurme lag, in das feindliche Schiff herab, so daß es
fast zertrümmert wurde. Die Luzerner suchten zwar das
lecke Schiff auszubessern, um abfahren zu können bevor die
Uebermacht des Landvolkes käme, da aber das urnerische
Schiff, der Fuchs, welches die Nachtwache auf dem See hatte,
von dem Sturmzeichen gemahnt, schnell heranruderte, auch
das Landvolk aus Unterwalden herbeikam, so mußten die
Luzerner nach kurzer Gegenwehr, wobei mehrere derselben
getödtet wurden oder ertranken, sich gefangen geben. Mit
großem Gut hatte Luzern seine Gefangenen wieder zu lösen.

Auch der Zürichsee hatte seine Seeschlachten und seine
Blokaden. Bald nach der Heldenschlacht bei St. Jacob
(1444) kämpften die noch auf Oesterreichs Seite stehenden
Züricher und Rapperschwiler mit den Schwyzern und deren
Eidgenossen um die Herrschaft auf dem Zürichsee. Große
Schiffe und Flöße waren von beiden Theilen angeschafft
worden. Die Züricher hatten ihre Flotte vermehrt durch
zwei große in Bregenz gebaute Schiffe, da beeilten sich die
Eidgenossen auch zwei solche Schiffe zu zimmern. Von
enormer Größe waren die Flöße. Ein Floß der Eidge-

noſſen, der Bär genannt, 120 Schuh lang, konnte 600
Mann tragen und war „wohl bezügt mit Stein, Büchſen
und anderer Rüſtung, hinten, vornen und allenthalben nach
Nothdurft". Durch dieſes ſchwerfällige Ungethüm wurde
Rapperſchwil beſchoſſen, aber ſiegreich waren die Zürcher
in der Seeſchlacht bei Männedorf. Als der Kampf noch
unentſchieden war, kamen die in Bregenz gezimmerten neuen
Schiffe von Rapperſchwil heran und das Hauptſchiff der
Schwyzer, die Gans, mußte ſich ſtark durchſchoſſen zurück=
ziehen, das große Floß, dem die Munition ausging, war
genöthigt ſich an das Ufer von Schwyz zu retten, der Kiel,
ein anderes großes Schiff der Eidgenoſſen, deckte den Rück=
zug; als aber auch hier alle Munition verſchoſſen war und
das dem Verſinken nahe Schiff 4 Todte und 12 Verwundete
hatte, da trat es auch den Rückweg an. Die Zürcher
konnten den Sieg nicht weiter verfolgen, denn die Nacht
brach ein und das ſiebenſtündige Gefecht hatte auch ihre
Mannſchaft matt gemacht.

Vergleicht man dieſe Marine und die Kriegführung mit
der Geſtaltung des Seekrieges in der Neuzeit, ſo mag man
lächeln, aber ſo wie der Kampf in den Thermopylen und
der Sieg bei Morgarten groß in der Geſchichte bleiben und
am wenigſten durch eine Schlacht bei Solferino verdunkelt
werden können, ſo war auch der Todesmuth der auf den
beiden Landſeen Kämpfenden um nichts geringer durch die
Schwerfälligkeit ihres Materials. Vergleichen wir aber,
wie vor vier= und fünfhundert Jahren die ungelenkigen
Schiffe und Flöße auf einander losfuhren, um ſich zu ver=

nichten, wo jetzt zahlreiche behende Dampfschiffe mit fried-
lichen Menschen von nah und fern an einander vorüber-
gleiten, so erkennen wir, daß eine andere, bessere Zeit in
das von der Natur so reich ausgestattete und zu seiner besonderen Zier mit schönfarbigen Seen beschenkte Land gekommen ist.

Die Thürme und Bollwerke, durch welche das alte
Luzern sich gegen Angriffe von der Seeseite schützte, werden
gewiß noch lange gegen die der Bilderstürmerei vergleichbare
Neubautensucht Stand halten, aber die neue Eisenbahn,
welche nun bald von Zürich und Zug her auf Luzern zu-
schießen soll, wird unfehlbar zur Modernisirung der Stadt
nicht wenig beitragen. Zunächst soll die Kapell-Brücke dem
Fortschritt zum Opfer fallen. Wo werden dann die alten
Burger beim Regenwetter ihren nothwendigen Spaziergang
machen und was werden die Junker anfangen, denen so
manchen Tag das Flaniren auf dieser Brücke und das
Sitzen in den Cafés eine so genußreiche Abwechselung in
ihrem thätigen Leben bot? Vom ästhetischen Standpunkte
kann man freilich den Abbruch der Brücke nicht bedauern,
aber ich habe sie mir noch einmal genau angeschaut mit
ihren Bildern und Inschriften, als ich kürzlich von ihr,
wahrscheinlich für immer, Abschied nehmen mußte.

Die bedeckte Kapell-Brücke soll schon 1300 erbaut
sein, aber Bilder und Inschriften sind aus verschiedener
Zeit; die jüngsten Inschriften machte ein Chorherr Halter
im Jahr 1743. Sie verkünden Wahrheit und Dichtung
der Schweizergeschichte.

Auf der erſten Tafel der Bildergallerie ſteht der Rieſe oder wilde Mann, der Schildhalter des luzerner Wappens, mit der Unterſchrift:

„Soll der Riſ der Stands=geſchichten
Erſter Anfang ſein? Mit nichten.
War der anfang zwergen=klein,
Riſen groſſ daß End ſoll ſein“.

Die Aufnahme des fabelhaften Rieſen in das Wap- pen datirt erſt vom Jahr 1577, als man unter einem um- geſtürzten Eichſtamm zu Reiden ein coloſſales Knochenge- rippe fand, das man für den Ueberreſt eines Rieſen hielt, bis Naturforſcher (Blumenbach) es für Knochen eines urwelt- lichen Rieſenthiers erklärten.

Auf einer ſpätern Tafel ſehen wir Karl den Großen im Feldlager.

„Keyſer Carolus der groſſe
Auf Lucern ſein gunſt ergoſſe.
Gab zum Preiß der dapfferkeit
Feld=harſch=hörner zu dem ſtreit“.

Dann folgt der Lindwurmtödter Strutt von Win- kelried.

„Leuth und Vieh ein Wurm verſchlinget,
Schad dem Land und ſchrecken bringet,
Winckelried ihn zwar verderbt,
Aber gifft und Todt auch erbt“.

Getreulich iſt auch abgebildet. wie Konrad Baum- garten den Junker von Wolfenſchieſſen im Bade erſchlägt.

„Ob dem Wald ein Vogt voll hitzen
Wollt zu ſich ins Bad zu ſitzen

Zwingen eine Frau, die glut
Löſcht ihr Mann mit deſſen blut".

Ein Nachtſtück, Luzern in Feuersbrunſt (1340), hat
die Inſchrift:

„Holz=gebän und enge gaſſen
Gar zu leichtlich feur auf faſſen,
Alſo ward Lucern beſtellt
Und mit Mancher Brunſt gequällt".

Den Sieg über die Armagnaken bei Buttisholz (1375)
feiert ein Schlachtbild mit den Verſen:

Engelländer als Heüſchreckhen
Zahlreich, feindlich, 's Land bedecken,
Von der Noth Luzern bewegt,
Sie bei Buttisholz erlegt".

Die Verleihung des Blutbanns an Luzern, ein wichtiges Ereigniß, iſt nicht unerwähnt geblieben:

„Ueber Leib und Blut und Leben
Hat Lucern das Recht gegeben
Weceslau und Sigismund
Nach des Römiſch=Reichs g'ſäß=grund".

So geht es weiter mit Bildern und poetiſchen Er-
güſſen über Begebenheiten aus der Kriegsgeſchichte und
inneren Geſchichte des alten Luzern. Da die Brücke nun
einmal fallen muß, denn „die Gegenwart hat Recht", wer=
den ſich die Luzerner damit tröſten, daß dadurch ihre ruhm-
würdige Geſchichte nicht verloren geht.

VII.

Solothurn.

In der alten Heimat war vor Jahren ein Engländer — fresh from England — an mich addressirt, der in aller Eile die Merkwürdigkeiten Kiels sehen wollte, denn bis zu der Abfahrt des Dampfschiffes nach Copenhagen waren nur drei Stunden, in denen auch noch dinirt werden mußte. Wohl hatte Kiel außer der wunderschönen Lage am „schiffbaren Busen der Ostsee" seine Merkwürdigkeiten, aber diese existirten nicht für das Auge des Engländers, nemlich eine Reihe alter origineller Herren, die so sehr zur Physiognomie Kiels gehörten, daß ich mir die alte liebe Stadt ohne dieselben nicht denken kann. Ein Theil derselben wanderte gleich nach Mittag auf der „academischen Laufbahn" nach Düsternbrok zum Café und eifrigem Dominospiel, es war die Gesellschaft Nr. 1. Zu dieser Stammgastgesellschaft gehörte der alte Jctus, dessen letzter Schüler ich buchstäblich gewesen bin. Seine classischen Vorlesungen über Gellius' attische Nächte mußte er oft wegen zunehmender Kränklichkeit aussetzen und als er eines Tages mich allein im Auditorium fand, reichte er mir die Hand und bestieg den Katheder nicht mehr. Präcis um 3 Uhr ritt bedächtiglich über den Markt in die dänische Straße ein stattlicher Mann, wegen seiner Regelmäßigkeit von den Bewohnern dieser Straße „Klock dre" genannt, es war der Syndicus, der Mann mit dem unendlichen Wohlwollen für die junge Welt, die er in seinem gastlichen Hause zu sehen

liebte. Aus einer anderen Gasse tritt mit blonder Kinder-
schaar die imposante Figur vom nordfriesischen Schlage,
der berühmte Jurist, dessen ich mit inniger Liebe gedenke.
Sie sind alle dahin — omnes composui.

Der Merkwürdigkeiten, welche mein Engländer sehen
wollte und konnte, waren nicht viele. Rasch beschauten wir
das Rathhaus, an dem wenig zu sehen war, dessen unter-
irdische Räume mir auch bekannter waren als das Ober-
haus; das Taufbecken in der Nikolaikirche aus dem vierzehnten Jahrhundert wurde in Augenschein genommen; es
fehlte noch das neugegründete Museum nordischer Alter-
thümer, für welches sich der Engländer am meisten zu in-
teressiren schien. Es war, wie ich vermuthete, verschlossen,
aber ein reisender Engländer weiß sich zu helfen: er blickte
durch's Schlüsselloch — note it down, Mr. Pickwick —
und notirte sich, die Sammlung gesehen zu haben.

Bei dem hastigen Reisen auf der Eisenbahn werden
die meisten Städte nur durch's Schlüsselloch gesehen und sie
existiren für die große Masse der Reisenden nur in den
Bahnhöfen. So ist es in der Schweiz namentlich mit
Olten, wo die Bahnzüge von allen Seiten zusammentreffen
und der Station das Bild des Ameisengewimmels geben.
Aber wie wenige sehen sich in Olten das wirkliche Olten an,
und doch ist es eine Stadt mit alter und neuer Geschichte
und ein gemüthliches Nest dazu. Das Storchennest auf der
Sängerhalle bei dem eidgenössischen Feste 1860 war sehr
characteristisch.

Olten, Hauptort der zwischen der Aare und dem Jura

gelegenen ehemaligen Landgrafschaft Buchsgau, hat einen bedeutenden Historiker geboren, Ildefons von Arx, der eine Geschichte des Buchsgau's verfaßte (1819), aber durch seine Geschichte des Cantons St. Gallen, dem Muster einer Spezialgeschichte, berühmter geworden und mit Justus Möser verglichen worden ist. Hervorragend ist in Olten die Familie Munzinger, welcher der bekannte Afrika-Reisende angehört. Ihr verdankt Olten die Weihe des Gesanges, sie besonders hat dort ein reges musikalisches Leben entwickelt und damit der kleinen Stadt den Stempel edler Gemüthlichkeit gegeben. Zu den merkwürdigsten Söhnen Oltens gehört aber Martin Disteli, origineller Künstler, genial-liederlich, seltsamer Oberst der Infanterie, von dem ultramontanen krötengiftigen „waldstätter Boten" dereinst als wahrer Antichrist geschildert. Es sind ihm viele Prädicate gegeben, denn er war vielseitig, darum konnte sein Leben nicht wie das eines ruhigen soliden Schweizerbürgers ablaufen, und er mußte den tugendsam-vernünftigen Menschen oft Anstoß geben. Vor einigen Jahren ist ihm von Meisterhand ein Denkmal gesetzt in einer biographischen Musterarbeit: „Martin Disteli. Ein Künstlerleben. Von Alfred Hartmann. Neujahrsblatt des solothurnischen Kunstvereins (1861)". Das darin über Disteli's jenenser Studienzeit — „so zu sagen" — Erzählte ließe sich vervollständigen, wenn man den Schilderungen alter Jenenser Glauben schenken darf, aber Wahrheit und Dichtung mag da, wie in jeder Heroengeschichte gemischt sein. Ich erzähle wie ich es vernommen habe.

Es war um das Jahr 1820 da Martin Disteli sich in Jena als Rechtsbeflissener einschreiben ließ, aber er fand keine Zeit sich der Rechte zu befleißigen, das schwarz-roth-goldene Leben der Burschenschaft zog ihn zu mächtig an und sein Talent zum Zeichnen, besonders zum Karrikaturzeichnen, fand in dem bewegten Jena ergiebigen Stoff. Die Menge passender Figuren aus der Studentenwelt genügte ihm aber leider nicht für seinen übermüthigen Stift, sondern eines Morgens fand man im Doppelbilde am schwarzen Brett zwei Professoren in sehr anstößiger Haltung, indem der Eine gierig nach einem Geldsack, der Andere nach einem Orden griff, und nicht nur waren es ordentliche Professoren, sondern ein geheimer Hofrath und ein geheimer Kirchenrath. Ein „Disteli fecit" stand zwar nicht darunter, aber über den Autor war niemand in Zweifel und Disteli wurde in den Schatten gesetzt. Die Sache kam zu Göthe's Ohren und durch ihn zur Kunde des edlen Fürsten Karl August, der sich als Rector magnificentissimus der Universität berufen fühlte den langen Deliberationen des akademischen Senates über die exemplarische Bestrafung der Frevelthat ein Ende zu machen, aber nicht um Cabinetsjustiz auszuüben, sondern in aller Form Rechtens. Nachdem er den Präsidentenstuhl im akademischen Senate eingenommen hatte, betrachtete er sich das fatale Bild und fragte den geheimen Hofrath wie den geheimen Kirchenrath, ob sie sich auf demselben getroffen sähen. Als beide dies verneinten, erklärte der weise Fürst, dann fehle ja

der Thatbestand der Ehrenkränkung und der junge Mann
habe wohl das Disciplinarvergehen, darin bestehend, daß
er es gewagt, eine seiner Kunstproductionen am schwarzen Brett zu publiciren, genugsam gebüßt. Der sofor-
tigen Freilassung Disteli's schien nun nichts mehr im
Wege zu stehen, aber — o Gräuel! — da meldete der
Oberpedell, die erst vor Kurzem neu übertünchten Karzer-
wände seien von dem Gefangenen mit furchtbaren Bildern
ganz bemalt worden. Das Genie leistet mit kleinen Mitteln Großes und Disteli hatte selbst im Karzer einen
Malerapparat zu Stande gebracht: das Dintenfaß diente
ihm als Palette, der Bart einer Schreibfeder als Pinsel
und mit dem Messer hatte er die Lichter in den Kalk
radirt. Ein großes Bild „der Raub der Sabinerinnen"
nahm eine Wand ein: ehrwürdige Docenten der Universität und Schankmädchen von Lichtenhain, Ziegenhain und
aus den Studentenkneipen der Stadt waren in respect-
widrige Gruppen gebracht. Gegenstand eines anderen
Bildes war „Marius auf den Trümmern von Karthago":
ein bemoostes Haupt- stoisch seine Pfeife rauchend über
einem Haufen von zerbrochenen Flaschen und zertrümmer-
ten Bierkrügen. Dazu einige kleinere Bilder und Ara-
besken verschiedener Art. Der Fürst, welcher im ersten
Casus das Recht gefunden hatte, mußte auch die Schwierigkeit des zweiten Casus zu lösen, er decretirte: Kunst-
werth sei den Freskogemälden nicht abzusprechen, aber
das Karzer sei kein Kunstmuseum, man möge daher ein
anderes Zimmer für den akademischen Straf- und Besse-

rungszweck wählen, jenes Zimmer aber, so wie es sei,
conserviren und zum Nutzen der gereiften Jünglinge verwenden, die nach beendigtem mündlichen Doctorexamen vom
Decan gebeten würden bis zur Schlußnahme der Facultät
über Sein oder Nichtsein auf kurze Zeit abzutreten; für diese
Minuten des Hangens und Bangens sei das Zimmer
ganz geeignet als Diversion zu dienen. So geschah es
und noch jetzt ist das Zimmer mit seinen Wandgemälden
zu sehen, die aber ihre Frische längst verloren haben.

Disteli war nun wieder ein freier Mann, aber sein
Leben war so wenig correct, daß er bald wieder den akademischen Gesetzen verfiel und sein Abschied von Jena
scheint ein unfreiwilliger gewesen zu sein. Man erzählt
sogar von einem Relegations-Patent, welches der „Ge-
heime Hofrath“, der Meister in classischer Latinität, mit
besonders feinen Wendungen ausgefeilt habe. Disteli
ging nicht geraden Wegs zu seinen Bergen zurück, sondern wünschte vorher das Meer zu sehen und kam bis
nach Rügen. Sein Biograph schildert in wenig kräftigen
Zügen diese Reise: „Einen schlechten Flaus am Leibe,
ein Paar Groschen in der Tasche, eine Rolle Papier in
der Hand, — ohne Paß und ohne Tornister — soll
Disteli eines frühen Morgens der Universitätsstadt Jena
den Rücken gewandt haben. Diese Situation hat er
später launig genug zu einem seiner Heuschreckenbilder
benutzt, auf welchem zu sehen, wie die Polizei in Gestalt
eines großen Hirschkäfers auf die weltverbesserungssüch-
tigen grünen Geheimbündler fahndet, die sich glücklich

schätzen, wenn ihnen gelingt, mit leichtestem Gepäck und mit Hülfe ihrer langen Beine die fernen. freien Berge zu erreichen. — Dieser Feldzug gegen die Polizei eines vollen Dutzend deutscher Bundesstaaten muß für unsern Disteli, dem sein Leben lang nichts so sehr verhaßt war als Polizeizwang, ein rechtes Seelengaudium gewesen sein."

Was sollte nun aber Disteli, der statt des Diploms eines Doctor utriusque juris nur das Relegationspatent beimbrachte, oder vielmehr dieses schon vorfand, als er nach seinem Kreuzzuge in Olten anlangte, in der Heimath anfangen? Er hatte zwar mit Virtuosität „Männekens" gezeichnet, war aber doch nur Dilettant in der Kunst. Sie mußte ihm dennoch für das Leben dienen, denn sein einst wohlhabender Vater war in totalen Vermögensverfall gerathen. Er mußte „sprechend ähnliche" Portraits malen, die ihm selbst freilich oft als Karrikaturen erscheinen mochten, so daß er sich in dem alten Genre bewegte, „Bilder von Gevatter Schneider und Handschuhmacher, von Handwerksgesellen und Handelslehrlingen mit hohen Rockkragen, gelb gestreiften Westen, und sauber über die Stirn hinuntergekämmten Haaren, wohlfeile Arbeit in Wasserfarben hingepinselt, in welchem zwar der Kenner die geniale Hand entdecken mag, die sich zu solcher Taglöhnerarbeit hergegeben, welche aber vom Besteller eben so schlecht bezahlt, als vom improvisirten Portraitmaler leicht hingeworfen wurden."

Selbst Wirthshaus- und Krämerschilde malte er, wenn

die Lebensnoth groß war, aber der Künstler ging dabei nicht unter. Davon zeugen seine Schlachtenbilder und mehr noch seine Thierbilder, zu denen er in Beobachtung der „Heimlichkeit der Thierwelt" — der vie privée des animaux — sorgsame Vorstudien gemacht hatte. Der Anfang seiner Illustrationen des Reineke Fuchs zeigt den Meister, der im Stande gewesen wäre, den derberen plattdeutschen Reineke Vos in Scene zu setzen, während Kaulbach's seine Bilder der hochdeutschen hexametrischen Umarbeitung Göthe's homogen sind. Eine besondere Freude hatte Disteli an den raschen langbeinigen Creaturen, den Hasen und Heuschrecken. Heuschreck's Leben hat er in einen Bildercyklus voll Satire geformt und seine Vorliebe für diese Thiergattung ging so weit, daß er Heuschrecken mit und ohne Pfeffer und Salz verspeiste.

„Leben heißt Krieg führen!" war Disteli's Motto. Der schweizerische Bilderkalender, kurzweg Disteli-Kalender genannt, war von 1839 bis zu Disteli's Tode, 1844, mit seiner kühnen Satire geliebt und gehaßt.

„Er hat sie drangsalirt und scharf gegeißelt, die faulen Bäuche und die krummen Rücken", sagte Gottfried Keller in seinem Nachruf.

Wer nach Solothurn kommt, kann sich durch Anschauen des „Disteli-Album", in zwei Folianten, auf dem kleinen Museum des solothurnschen Kunstvereins aufbewahrt, einen großen Genuß verschaffen. Die Originale seiner Heuschreckenbilder sind vielleicht das Werthvollste in der Sammlung, aber auch Disteli mit dem Schnauz als Apollo und vieles Andere läßt in ein merkwürdiges Künstlerleben hineinschauen.

Disteli war auch Soldat und ein ganzer Soldat, nur daß er nicht gern Ordre parirte, wenn Kamaschendienst verlangt wurde. Er brachte es in seiner heimathlichen Armee bis zum Obersten und wenn er einmal vorschriftswidrig sein Bataillon statt durch das Thal über den Weißenstein führte und ohne die Grenzen zu beachten mit Sang und Klang durch berner Gebiet zog, so liebten ihn die Soldaten troß der Anstrengung um so mehr. Im Herbst 1832, als wegen des Bürgers von Salenstein, des Prinzen Louis Napoleon, ein Krieg mit Frankreich drohte, war auch Disteli mit seinem Bataillon an die Grenze beordert und freute sich der bevorstehenden Actionen, so daß er dem ersten seiner Soldaten, der ihm ein paar rothe Hosen als Trophäe bringen werde, einen Louisd'or versprach.

Disteli starb am 13. März 1844 in Solothurn, aber der Ort, wo seine Wiege gestanden hatte, wollte ihm auch das leßte Ruhebett geben. Ein Granitstein mit der Inschrift „Martin Disteli" bezeichnet auf dem Kirchhofe von Olten sein Grab.

Solothurn, die Hauptstadt des gleichnamigen Cantons, ist eine recht alte Stadt, aber poetische Licenz hat den alten Thurm am Marktplaße (Zeitglockenthurm) mit der Inschrift versehen:

„Dieser Thurn gebawen ward ohn gfahr
Vor Christi Geburt fünff halb hundert Jahr".

Der Thurm ist ohne Zweifel burgundisch, während
die an mehreren Stellen sichtbaren Ueberreste der starken
Mauern des römischen Castrum und lateinische Lapidar-
Inschriften auf eine ältere Zeit zurückführen. Wie alt
auch die Stadt sein mag, macht sie einen durchaus freundlichen Eindruck und wenn man sich auf den geräumigen
Plätzen umschaut, könnte man Solothurn für eine recht
große Stadt halten, obgleich sie nicht 6000 Einwohner hat.

Die mittelalterliche Geschichte Solothurns ist mit
der Geschichte Berns eng verflochten, denn am Ende des
dreizehnten Jahrhunderts wurde der Bund der beiden
Städte gestiftet und ·in den Kämpfen gegen Oesterreich
und gegen den Adel, namentlich gegen die Grafen von
Kyburg, standen sie in Freud und Leid bei einander.
Als Solothurn 1318 von Herzog Leopold belagert
wurde, der die Stadt wegen ihrer Anhänglichkeit an
Ludwig den Bayer strafen wollte, schickte Bern 300 Mann
zu Hülfe und mit Stolz darf Solothurn auf dieses Stück
seiner Kriegsgeschichte zurückblicken. Es kam wildes Wetter von den Bergen, der Regen ergoß sich in Strömen
und die Bäche, welche der Aare sonst ihr Kristallwasser
zuführen, wälzten schlammige Fluthen herab, so daß der
Fluß die ganze Kraft eines Bergstroms entfesselte und
die Brücke, welche der Herzog zur Verbindung der beiden
Ufer hatte schlagen lassen, fortzureißen drohte. Um das

nur für einen vorübergehenden Zweck gemachte, leichte aber ihm wichtige Bauwerk zu retten, befahl Leopold seinen Kriegsleuten schwere Steine darauf zu wälzen, aber mitten in der Arbeit brach die Brücke zusammen und die österreichischen Krieger stürzten in den Strom. Als das die Belagerten sahen, erhoben sie kein Freudengeschrei, sondern die Feindschaft vergessend lösten sie schnell ihre Schiffe ab und mit Lebensgefahr, aber solcher Fälle kundig, retteten sie viele der mit den Wellen ohnmächtig kämpfenden Feinde, führten die Geretteten in die Stadt, bewirtheten sie mit Speise und Trank und schickten sie alle dem Herzog zurück. Leopold, von diesem Edelmuth besiegt, hob die Belagerung, welche schon zehn Wochen gedauert hatte, auf und schenkte den Bürgern von Solothurn ein Banner, das noch im Münster aufbewahrt ist. Die Schweizer haben viele erbeutete Fahnen als Trophäen in ihren Kirchen, Rathhäusern und Zeughäusern aufgehängt und die Urenkel blicken stolz auf die verwitterten Zeugen des Kriegsmuthes ihrer Ahnen, das Friedensbanner der Solothurner sollte die Inschrift führen: Noblesse oblige!

Hell strahlt auch in der Geschichte Solothurns die That eines Mannes, der durch seine Entschlossenheit einen Bürgerkrieg verhinderte. Es ist der Schultheiß Nicolaus Wengi. Die Kirchenverbesserung hatte in der Stadt- und Landschaft eben so entschiedene Anhänger als Gegner gefunden und es kam (1529) dazu, daß die Regierung die Gemeinden einlud, sich darüber auszusprechen, ob sie bei

der alten Lehre beharren oder die Reformation wollten.
Die Antworten auf diese Anfrage waren sehr verschieden.
Von Kestenholz, einem großen Kirchdorfe, wurde kurz geantwortet: „Mögen das alte Wesen wohl leiden"; ähnlich von Selzach: „Haben sich gemeinlich erläutert, bei
dem Alten zu bleiben, so lange ihnen Gott verleihe".
Nicht so entschieden waren die Einwohner von Oesingen,
indem sie erklärten: „Wollen mit meinen Herren halten,
begehren jedoch dabei, die Prädicanten zusammenzuthun
und was das Bessere sein werde, wollen sie annehmen."
Eine andere Richtung schlug die Gemeinde von Aetingen
ein: „Haben mit dem Mehre ihre Kirche geräumt und
die Bilder verbrannt. Weil der Pfarrer zwei Meßge-
wande in sein Haus getragen und die Meße nach dem
Mandat nicht von ihm gethan, bitten sie mit einem andern Prädicanten versehen zu werden." Kienberg antwortete zuerst: „Wollen die Messe nicht, die Bilder lassen
sie stehen, selbe irren sie nichts. Sie begehren einen
Priester, der ihnen das Gotteswort verkünde, weil der
Ihrige zu alt und ungeschickt sei;" darauf entschiedener:
„Sind des Willens wie vormals, daß sie die Messe nicht
haben wollen, weder gesotten noch gebraten, und die Bilder wollen sie auch wegthun." Auf eigenthümliche Weise
wurde das liebliche Dorf Wiesen in der Nähe des Hauen-
steins, in einem kleinen Hochthal am nördlichen Abhange
der Frohburg gelegen, dem alten Glauben erhalten. Es
handelte sich darum, ob die Gemeinde ferner zur katholischen Kirche in Trimbach gehören oder in dem schon

reformirten Läufelfingen eingepfarrt werden sollte. Nachdem der Prädicant von Läufelfingen seine Beredsamkeit aufgeboten und auch Neigung zum Uebertritt gefunden hatte, griff der katholisch gesinnte Ammann der Gemeinde die Sache sehr praktisch an, indem er die Gemeinde einlud, sich auszusprechen, ob sie noch ferner Kilbi haben wolle oder nicht, das sei die Frage; wer die Kirchweih wolle, möge ihm nach Trimbach folgen und zwar solle es eine zweitägige Kilbi geben. Einen Geiger und Pfeifer hatte er in Bereitschaft, und als er sich unter Musik in Bewegung setzte, zog die ganze Gemeinde ihm nach. So blieb Wiesen bei Trimbach und das muntere Völkchen nimmt bis zur Gegenwart das Recht in Anspruch, eine Kirchweih von zwei Tagen und Nächten durchzutanzen.

In der Stadt Solothurn hatte nach der den Reformirten so ungünstigen Schlacht bei Kappel (1531), in welcher Zwingli fiel, die katholische Partei das Uebergewicht und die Erfüllung des Versprechens den Neugläubigen eine Kirche in der Stadt einzuräumen, wurde immer weiter hinausgeschoben, so daß die Neugläubigen sich entschlossen, ihr Recht mit Waffengewalt zu erkämpfen, sich in die Vorstadt zurückzogen und die Brücke abbrachen. Feindlich standen sich nun die Parteien an den beiden Seiten der Aare gegenüber, schon war eine Kanone der Katholiken abgefeuert worden, ohne zu schaden, als Schultheiß Wengi vor die Mündung der wiedergeladenen Kanone trat mit den Worten: „Lieben frommen Bürger,

so ihr willens sin hinüber zu schießen, will ich der erst
Mann sin, der umkommen soll, betrachtet und erdauret
die Sachen baß." Diese Worte des christlichen Helden
wirkten und es wurde kein Bürgerblut vergossen. So
erzählt man, doch ganz richtig scheint dies nicht zu sein,
denn von demselben Tage, dem 30. October 1533, wird
als tragi-komisches Intermezzo berichtet, daß ein Neu-
gläubiger vom Bollwerk seiner Partei die jenseitigen
Katholiken mit der unanständigsten Geberde von der Welt
verhöhnt habe, weßhalb der lange Maître Jean, ein Diener des französischen Gesandten und eifriger Katholik, zur
Kanone gesprungen sei und den Spötter vom Bollwerk
herabgeschossen habe. Eine Beglaubigung dieser Thatsache wurde mir von dem gelehrtesten Alterthumsforscher
Solothurns an dem Vorstadtthore gezeigt, da, wo die
Reformirten ihren Standort gehabt haben. Dieses Thor,
einem Janus vergleichbar, hat an der Seite, welche der
Stadt zugewendet ist, ein in Stein gehauenes ordentliches
Menschenantlitz, an der Seite der Vorstadt den unan-
ständigen Revers des Gesichtes. Die Sache verdiente von
einem Historiker oder Antiquar näher beleuchtet zu werden.

Der Wengistein, ein sehr großer erratischer Block,
in den sauberen Anlagen bei der Stadt, ist mit seiner
Inschrift das dauernde Denkmal des edlen Schultheißen.
Ganz in der Nähe wird alljährlich am 22. Juli die
Feier der Schlacht von Dornach (1499) begangen.

Solothurn hat neben manchen katholischen Kirchen
und Kapellen auch eine reformirte Kirche und es ist

durchaus nicht im Geiste der Bürgerschaft, wenn von Geistlichen alte kirchliche Controversen wieder aufgefrischt werden. Von den katholischen Kirchen ist der St. Ursusmünster oder die Domkirche, vom Architekten Pisoni im Florentiner Styl erbaut (1762—1773), eine wahre Zierde der Stadt, ein einheitlicher edler Bau, ohne Ueberladung und Gepränge. Von den Kapellen in der Nähe der Stadt scheint die Loretto-Kapelle im besonderen Ansehen zu stehen. Sie ist einer der vielen Ableger des berühmten italienischen Loretto, wohin die Engel im Jahre 1295 das Haus trugen, welches die Jungfrau Maria in Nazareth bewohnt hatte. Die Loretto-Kapelle bei Solothurn wurde 1649 von einem dortigen Patrizier Schwaller gestiftet, und daß sie auf demselben Glauben ruht, zeigt eine Inschrift derselben: „Eingang zu dem Kamin und Ohrt, wo Maria Jesum empfangen und Ihrem lieben Kindt gekocht hatt.“ In einer Nische der Kirche von Herrgottswald, einem Wallfahrtsorte am Fuße des Pilatus, wird sogar der Kessel gezeigt, in welchem, wie der Sigrist erklärt, Maria ihrem Kinde den ersten Brei gekocht hat. Wie dieser Kessel zu der besondern Kraft gekommen ist, Augenkrankheiten durch seine Berührung zu heilen, blieb mir unerklärt. Vermuthlich sind in jener Gegend diese Krankheiten häufig; denn die Kirche wählt ihre Heilmittel nach dem Bedürfnisse.

Von den Mönchsklöstern hat das Kapuzinerkloster an Frequenz nicht verloren, das Kloster der Franziskaner ist aber kürzlich eingegangen und der letzte Franziskaner,

ein gebildeter Mann, hat, nicht ganz mit freiem Willen,
die Hallen seines Klosters verlaffen und eine Privat-
wohnung beziehen müffen. Im vorigen Jahrhundert, als
das Franziskanerkloster noch blühte, gab der Guardian
deffelben dem Maler Franz Michael Schwaller den Auftrag, den heiligen Franz von Affifi zu malen. Der
Guardian der Kapuziner, die ebenfalls Francisci Nach-
folger find, fuchte nun den Maler zu überreden, der
Heilige müffe in einer braunen Kleidung erscheinen,
während der Guardian der Franziskaner darauf bestand,
Franciscus habe eine schwarze Kutte getragen. Der
Maler, welcher es mit keiner Partei verderben wollte,
erklärte endlich feinen Drängern, er habe einen Ausweg
gefunden, mit dem beide Theile zufrieden fein würden,
und da er schon etwas vom Disteli-Geist in fich hatte,
malte er den Heiligen im Bette, neben welchem eine
schwarze und eine braune Kutte hing und fagte: „Der
heilige Mann wird schon wiffen, wenn er aufsteht, welche
Kutte er anlegen will." Von den Schwänken deffelben
Malers ist auch bekannt, daß, um das hohe Alter der
Stadt Solothurn herauszustellen, er ein Bild der Stadt
machte, auf deren Glacis Gott der Vater Adam und
Eva erschafft, während Solothurns Bürger von den
Ringmauern her zuschauen. Man fieht, der Humor,
welcher in Disteli feinen Hauptrepräsentanten fand und
in dem „Postheiri" oder den „illustrirten Blättern für
Gegenwart, Oeffentlichkeit und Gefühl" fich fortwährend
geltend macht, ist in Solothurn feit lange zu Haufe und

um den gemüthlichen Humor frisch zu erhalten, haben
die Solothurner auch von jeher für einen guten Trunk
Sorge getragen, obgleich das Land weinarm ist. Die
Stadt Solothurn entfaltet an festlichen Tagen einen
Reichthum an kunstreich gearbeiteten alten Trinkgeschirren,
besonders silbernen Krebenzpokalen von getriebener Arbeit,
aber die trunkselige Vorzeit muß noch reicher daran gewesen sein, wenn man einem dortigen Sittenprediger
glauben darf, der in seiner Schrift „vom Gesundheit-
trinken" meldet: „Heutigen Tages trinken die Weltkinder
und Trinkhelden aus Schiffen, Windmühlen, Laternen,
Sackpfeifen, Schreibezeugen, Büchsen, Stiefeln, Krumm-
hörnern, Weintrauben, Gockelhähnen, Affen, Pfauen,
Mönchen, Pfaffen, Nonnen, Bären, Löwen, Bauern,
Hirschen, Schweinen, Käuzen, Schwänen, Straußen,
Elendsfüßen und anderen ungewöhnlichen Trinkgeschirren,
die der Teufel erdacht hat, mit großem Mißfallen Gottes
im Himmel."

Solothurn ist keine Residenzstadt, wenigstens giebt
die bischöfliche Residenz dem Orte keinen residenzlichen
Anstrich und es ist mir auch nicht vorgekommen, als ob
die Solothurner viel Zeit zum Spazieren und Flanieren
verwenden. Dennoch hat die Stadt in nächster Umgebung
sehr hübsche Anlagen und sauber gehaltene Wege, was
ich als eine liebenswürdige Rücksicht auf die fremden

Besucher nehmen möchte, welche Zeit haben, sich zu ergehen. Die nächste freundliche Anlage ist bei dem Wengistein und sehr eigenthümlich ist die Verena=Grotte, zu welcher man durch eine lange kühle, von einem Bache durchzogene Felsschlucht, aber auf ebenem Wege gelangt. Fast möchte man wünschen, es hätte der fromme Sinn der Solothurner sich begnügt, der h. Verena, die mit der thebaischen Legion aus Aegypten weit gewandert war und sich in dieser Grotte zur Ruhe setzte, am Schlusse der sich erweiternden Schlucht eine Kapelle zu bauen und von der Ueberladung mit anderen Repräsentationen des Cultus, die nicht eben Kunstwerke genannt werden können, zu abstrahiren. Bei der Kapelle ist noch eine Einsiedelei, aber jetzt nicht von einer heiligen Jungfrau bewohnt, sondern von einem Eremiten, der seines Zeichens ein — Knopfmacher ist, auch gar nicht dem Verkehr mit der sündhaften Welt entsagt hat. Die Zeit für Einsiedler ist vorüber.

Hoch vom Jura ladet der schon seit langer Zeit berühmte Kurort Weißenstein (3950') zum Besuche ein. Man kann auf einem bequemen Fahrwege und einem kürzeren Fußwege hinauf gelangen, auf dem letzteren in weniger als drei Stunden, wenn nicht die fürsorglich an vielen Punkten angebrachten Bänke oft zum Ausruhen einladen. Das Panorama da droben ist einzig in seiner Art, sehr verschieden von dem Diorama des Rigi: man kann die Schneeberge vom appenzeller Säntis bis zum Montblanc mustern, aber es steht nur

selten die ganze lange Reihe in voller Klarheit da. Obgleich ich an einem schönen Herbsttage hinauf pilgerte,
verdeckte ein leichter Nebel die Berge rechts und links
und nur die Jungfrau und der Mönch mit ihren berner
Nachbarriesen traten hervor. Aber auch der Blick in
die weite Thalgegend, auf Solothurn, auf die durch eine
fruchtbare Ebene sich schlängelnde Aare und das Emmen-
thal und weiter rechts auf die drei Seen von Biel,
Murten und Neuenburg ist sehr belohnend. Ich tröstete
mich um so leichter darüber, daß nicht die ganze Möglichkeit der Pracht des Panoramas sich mir enthüllte,
da ich in dem schön eingerichteten Kurhause in eine Gesellschaft lieber, gemüthlicher Menschen kam. Wir waren
alle gleich aufgelegt, es uns dort wohl sein zu lassen
und der gemeinschaftliche Gang nach der Röthe, einem
reichlich eine halbe Stunde vom Kurhause entfernten,
Felsvorsprunge über einem prächtigen Thale, wird mir
unvergeßlich sein. Die sinnige, junge Frau von Bern
und der feurige, junge Burgunder, der bald Purzel-
bäume machte, bald Kriegslieder zum Ruhme der rothen
Hosen sang und auf der lichten Höhe des Weißensteins
auch die Marseillaise anstimmen durfte, ohne polizeireif
zu werden, — es waren sehr verschiedenartige Menschen
zusammengekommen, aber die gemeinsame Bergluft, welche
wir athmeten, wirkte eine vollkommene Harmonie.

Inhalt.

—o—